westermann

AF217954

Arbeitsheft 1
Heft B

Erarbeitet von

Anna-Katharina Lautenschläger, Heike Leinhos,
Kathrin Merkt, Sandra Precht und Kerstin von Werder

Wissenschaftlich beraten durch

Carola Reuter-Liehr

Illustriert von

Svenja Doering, Isabelle Metzen und Silke Reimers

1

2

3

1: Wörter in Silben schwingen und sprechen, Wörter mit H h finden und einkreisen; Lautge-
bärde anwenden; **Differenzierung:** siehe hinten im Heft; über den QR-Code die Minibilder
anhören; **2/3:** H h nachspuren und schreiben

• Fibel: S. 42/43
• 82–88

1

2

Haus

sehen

hallo

3

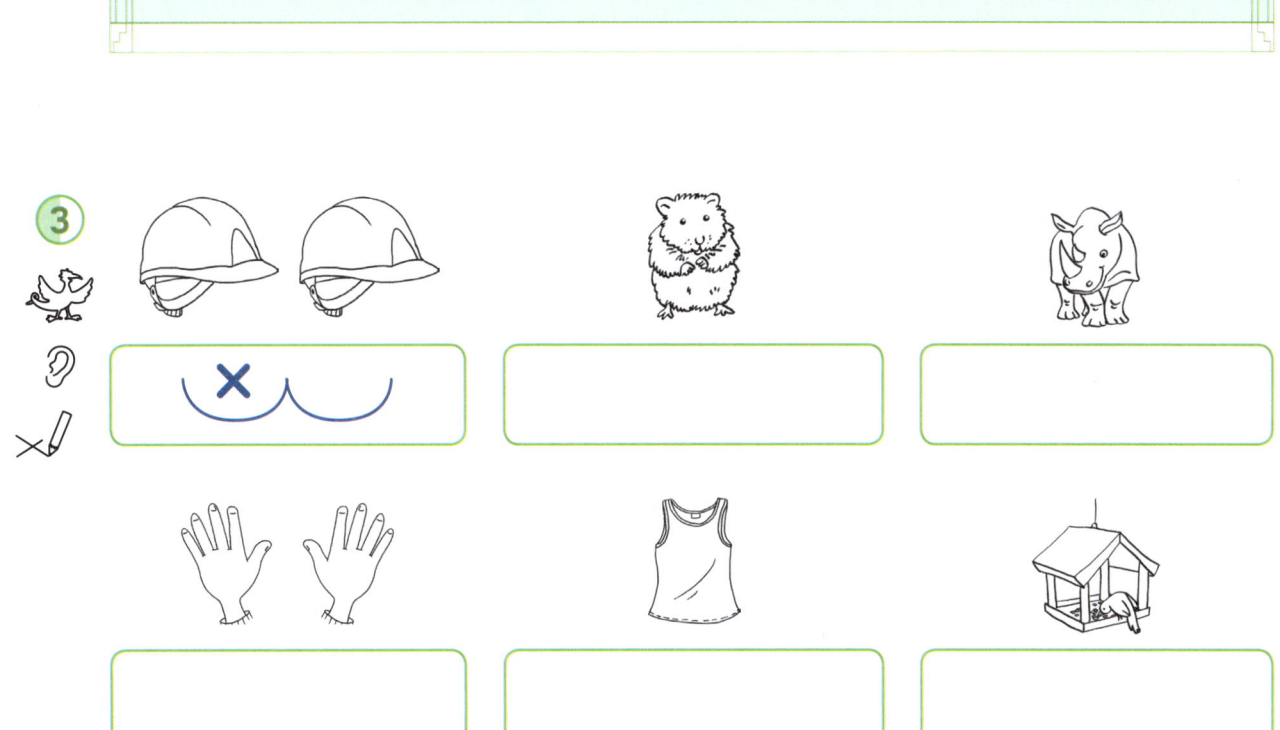

• Fibel: S. 42/43
• C 82–88

1: Felder mit H h anmalen; **2:** Wörter mit H h schreiben und lesen; Silbenarbeit beim Schreiben;
Diff.: Wörter dieser Aufgabe oder eigene Wörter mit H h (ab-)schreiben;
3: Silbentraining: Wörter in Silben schwingen; ankreuzen, in welcher Silbe der Laut ist

87

1

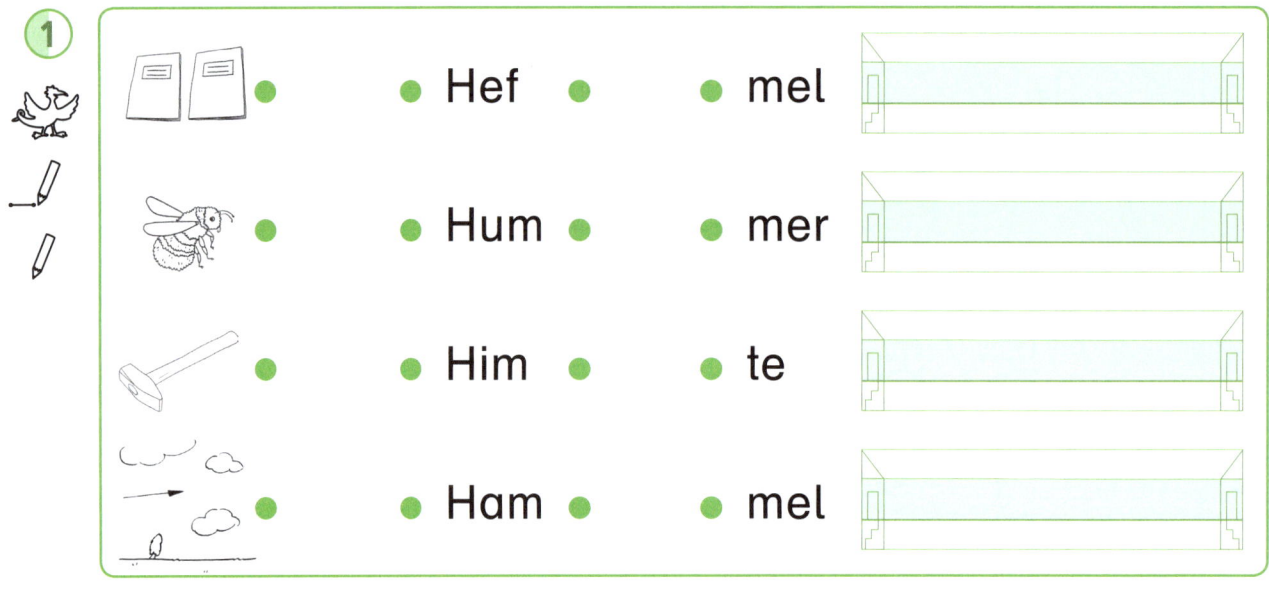

		Hef	mel	
		Hum	mer	
		Him	te	
		Ham	mel	

2

Hase	Sonnenhut	Uhu	Nashorn	Hamster

abc

Hans	Hassan	Heini	Hüte	Heino

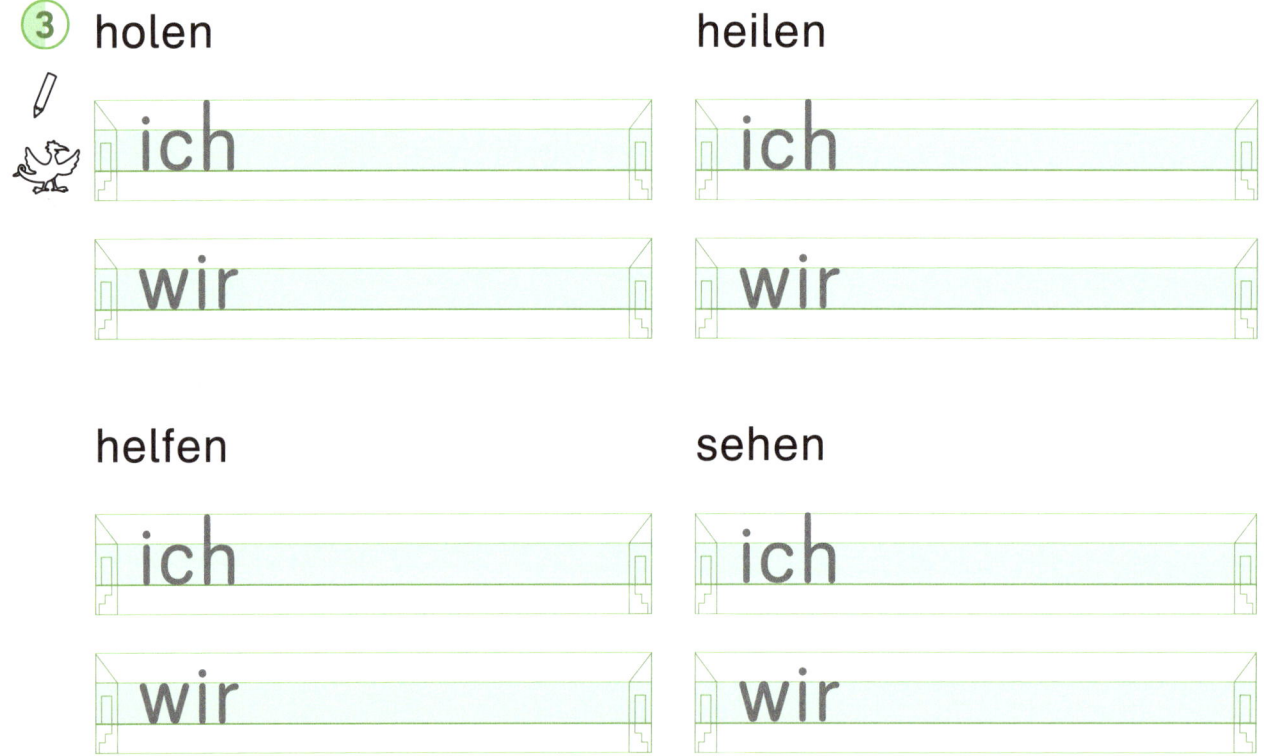

3 holen

ich

wir

heilen

ich

wir

helfen

ich

wir

sehen

ich

wir

1: Bild und passende Silben verbinden und Wort schreiben; Silbenarbeit
2: Silbenarbeit; Wort, das nicht zu den anderen passt, durchstreichen
3: passende Verbform bilden

• Fibel: S. 42/43
• ⌒ 82–88

1 ein roter Hefter

ein lila Hase

2

Im Hof ist •   • malen Eier an.

Alle Osterhasen •   • hinter seinem Haus.

Mein Hamster ist •   • eine helle Henne.

Kari

Male ein Ei rot an.

3

E	H	A	M	M	E	R	T
S	A	H	U	H	U	H	T
H	H	E	F	T	O	L	M
M	A	U	H	A	U	S	E

• Fibel: S. 42/43
• C 82–88

1: Silbenarbeit; Wortgruppen abschreiben; Bilder passend anmalen; 2: Silbenarbeit; passende Satzteile verbinden; einen Satz abschreiben; **Diff.:** weitere Sätze in ein Schreibheft schreiben; 3: Wörter im Suchsel finden und aufschreiben; **Bu mit Lupe:** Ei finden/anmalen.

89

 D d

1

2

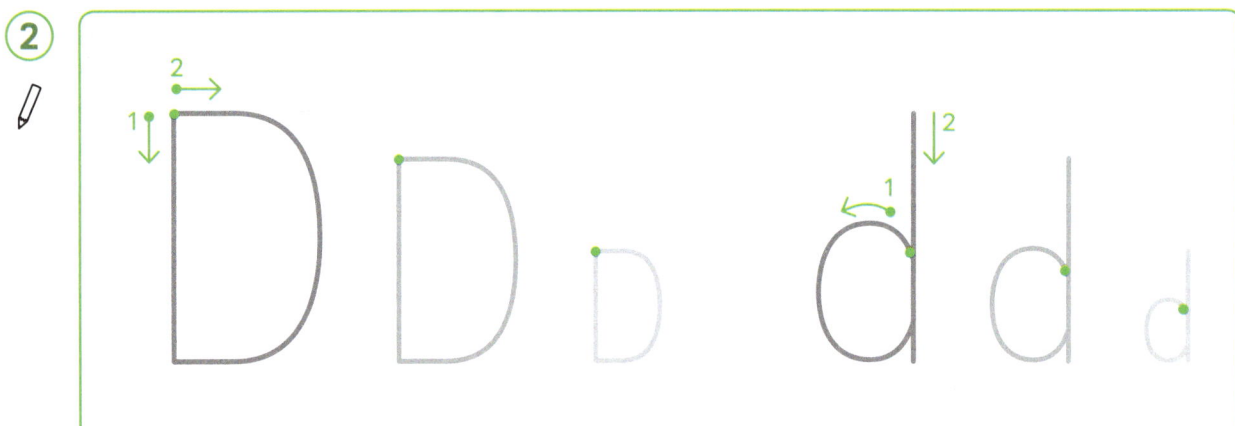

3

1: Wörter in Silben schwingen und sprechen, Wörter mit D d finden und einkreisen; Lautge-
bärde anwenden; **Differenzierung:** siehe hinten im Heft; über den QR-Code die Minibilder
anhören; **2/3:** D d nachspuren und schreiben

• Fibel: S. 44/45
• ⊂ 89–94

1

K p d B M q N D k h v d F f D o s e

P p l n d c m l b d K H D n q p b t

D z d K O b k b f d i b D i e D i n o s

d ü s e n n a c h D u d e r s t a d t

2

Delfine

der

das

3

1: D d einkreisen; **Diff.:** versteckte Wörter finden; **2:** Wörter mit D d schreiben und lesen; Silbenarbeit beim Schreiben; **Diff.:** Wörter dieser Aufgabe oder eigene Wörter (ab-)schreiben; **3:** Silbentraining: Wörter in Silben schwingen; ankreuzen, in welcher Silbe der Laut ist

1

D d   Prüfe mit den Lautgebärden.   T t

| (D) T | D T | D T | D T | D T |

| d t | d t | d t | d t | d t |

2

die Sandale

die Delfine

die Dose

die Feder

3

der	(der) die das die der der die die der die das der die	5
das	die das die das der die die das die das der das	5
die	das die der das der die das die das die der die	5

1: Wörter sprechen, mit den Lautgebärden überprüfen; den richtigen Buchstaben einkreisen   • Fibel: S. 44/45
2: Silbenarbeit; Bild und passende Wortgruppe verbinden; Wortgruppe aufschreiben   • ᑕ 89–94
3: Ganzwörter *der*, *das* und *die* einkreisen

1

Oma

Oma und Dora

Oma und Dora und Damaso

Oma und Dora und Damaso essen.

Oma und Dora und Damaso essen Nudeln.

Der Dino

Der Dino und die Hunde

Der Dino und die Hunde laufen.

Der Dino und die Hunde laufen um das Haus.

Male der Ente einen Hut!

2

| der | die | das |

die

3

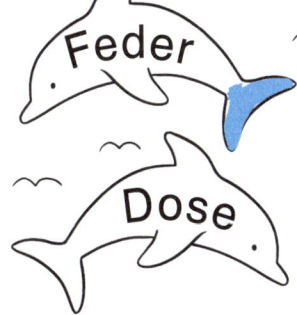 Feder · Dose ·

 · Dame meine·

 ·deine Hose·

 Leder· ·Name

· Fibel: S. 44/45
· C 89–94

1: Silbenarbeit; Bilder passend zum Text ergänzen; 2: passende Artikel aufschreiben
3: Silbenarbeit; Reimwörter finden; Reimwörter in der gleichen Farbe anmalen;
Differenzierung: Wörter in ein Schreibheft schreiben (Grundwortschatz)

93

 **Sch sch**

1

2

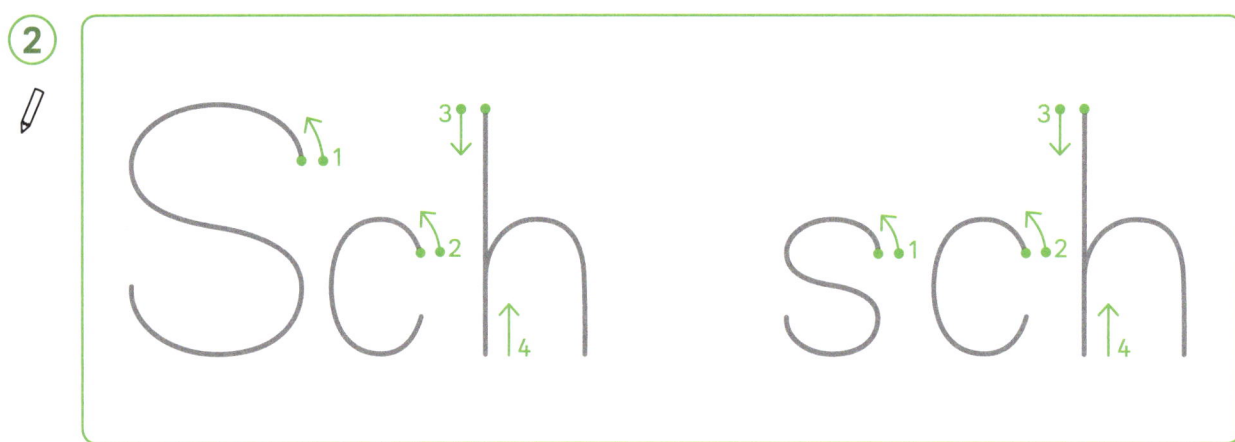

3

1: Wörter in Silben schwingen und sprechen, Wörter mit Sch sch finden und einkreisen; Lautgebärde anwenden; **Differenzierung**: siehe hinten im Heft; über den QR-Code die Minibilder
anhören; **2/3**: Sch sch nachspuren und schreiben

• Fibel: S. 46/47
• ◠ 95–100

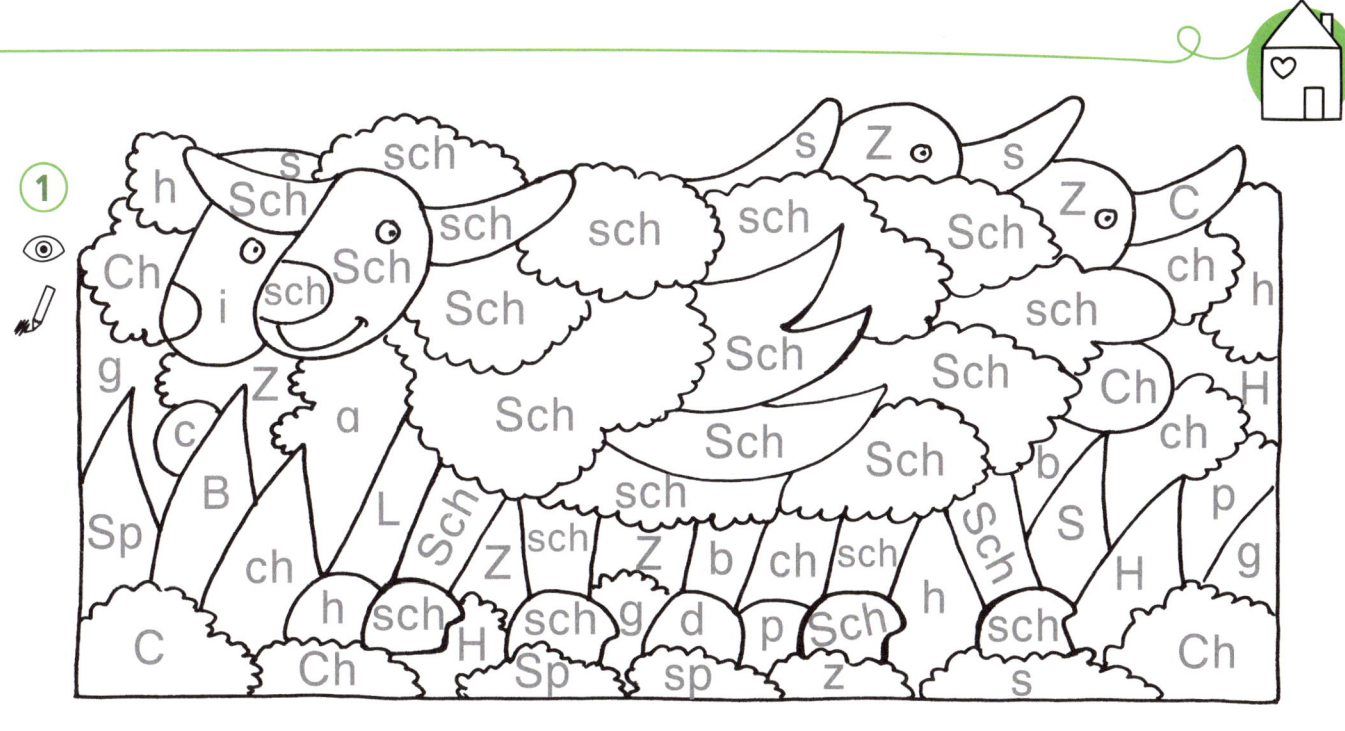

1

2 Schere

duschen

schlau

3

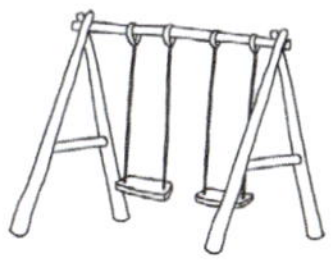

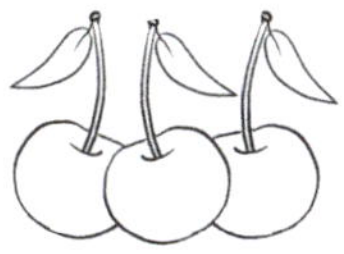

• Fibel: S. 46/47

• C 95–100

1: Felder mit Sch sch anmalen; **2:** Wörter mit Sch sch schreiben und lesen; Silbenarbeit beim Schreiben; **Diff.:** Wörter dieser Aufgabe oder eigene Wörter mit Sch sch (ab-)schreiben; **3:** Silbentraining: Wörter in Silben schwingen; ankreuzen, in welcher Silbe der Laut ist

95

1

	u	a	e
schl	schlu		
schr			
schw			
schm			
schn			

2

ne	schla
Schlit	
fen	men
	Schwei
ten	
	schwim

3 schneiden　　　　rutschen

ich　　　　　　　　ich

wir　　　　　　　　wir

1: Silben mit Konsonantenhäufungen aufschreiben und sprechen
2: Wörter sprechen und schwingen; mithilfe der Silben aufschreiben
3: passende Verbform bilden

• Fibel: S. 46/47
• ◖ 95–100

1

die Schiffe   die Tasche   das Wasser

der Delfin   die Muschel   die Fische

die Schweine   die Dusche   der Wal

2

Wir schlittern mit dem Schlitten.

Wir schlummern auf dem Schlitten.

Wir rutschen in das Wasser.

Wir schwimmen im Wasser.

Nele schaufelt mit der Schere.

Nele schneidet mit der Schere.

3

• Fibel: S. 46/47
• C 95–100

1: Silbenarbeit; Wörter im Bild suchen; ankreuzen, was im Bild zu sehen ist
2: Silbenarbeit; zu den Bildern passende Sätze ankreuzen
3: Grundwortschatz-Wörter sprechen, schwingen und aufschreiben

97

Kreuzbogen – Nomen großschreiben

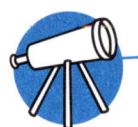

1

Tasche Fische Hirsche Tische Muschel

Dusche Mischer Rutsche Wischer

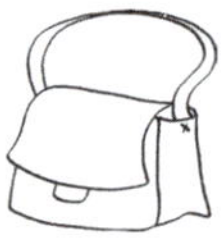

Tasche

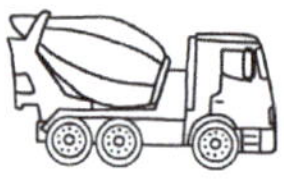

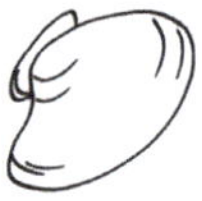

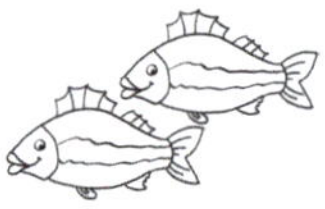

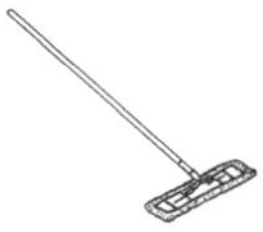

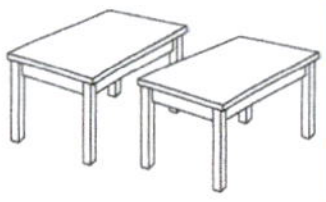

Immer mit !

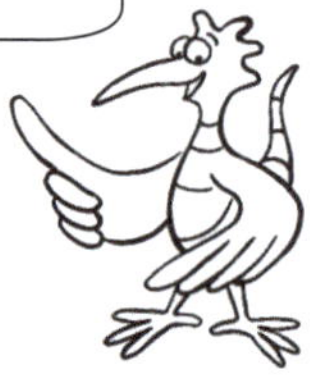

2

wischen tuschen forschen naschen

waschen tauschen nuscheln rauschen

3

Dose

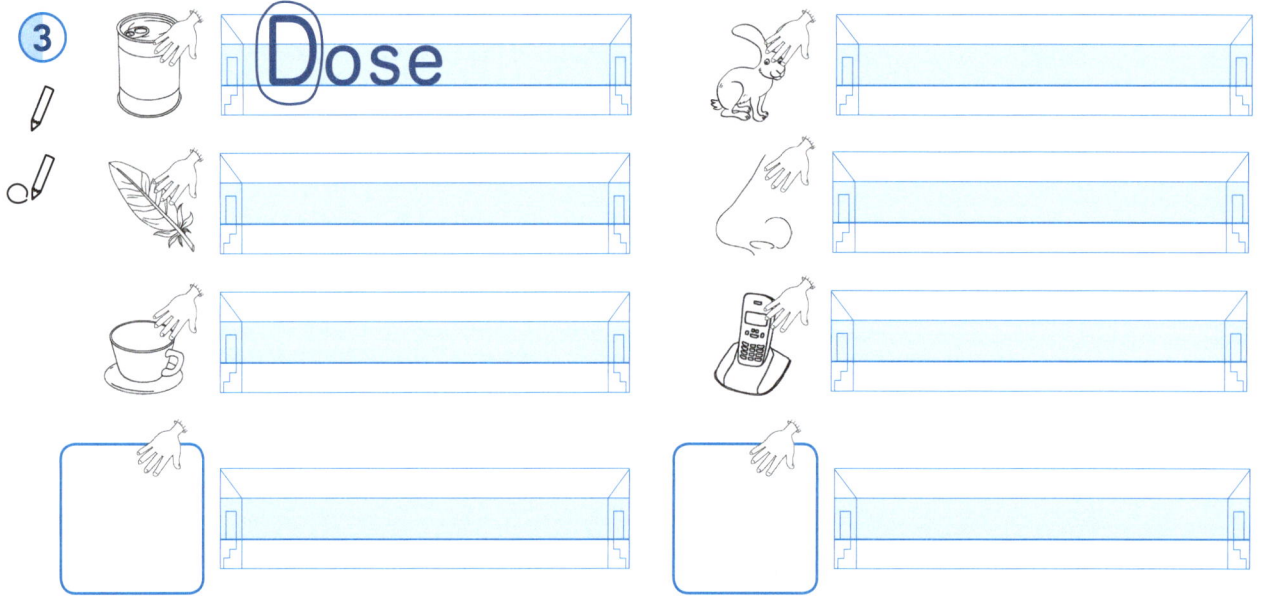

1: Silbenarbeit; Wörter mit und ohne Kreuzbogen schwingen; Wörter mit Kreuzbogen aufschreiben; **2:** Silbenarbeit; Wörter mit und ohne Kreuzbogen; **3:** Nomen passend zu den Bildern aufschreiben; den Großbuchstaben einkreisen; eigene Nomen aufschreiben

• Fibel: S. 48-51

Das kann ich

1

Hams	le
	ter
San	da
	re
Sche	

😃 🙂 😐 🙁

2 lauschen   duschen

ich   ich

wir   wir

😃 🙂 😐 🙁

3 der

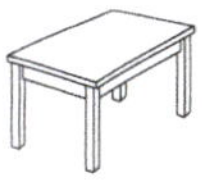

😃 🙂 😐 🙁

4

😃 🙂 😐 🙁

• Fibel: am Ende von Kapitel 5   Inhalte aus den Bereichen Sprache untersuchen und Schreiben wiederholen;
Lernerfolg selbst einschätzen; über Lernen sprechen; Lernerfahrungen reflektieren

99

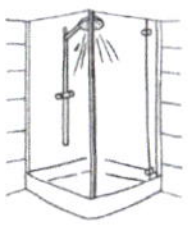

1

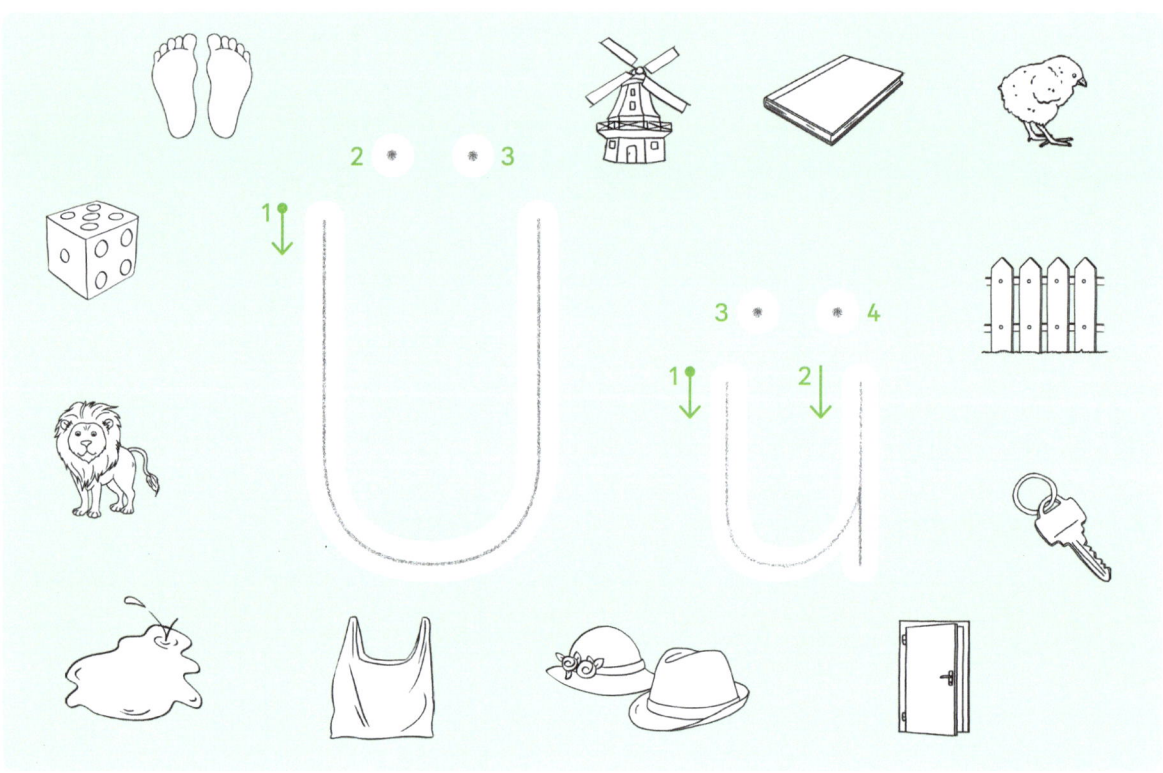

2

ÜÖOUÜÄÜHUEUÜÜÖOÄÜ ⑥

uüöwunäüöüüunwvüuö ⑥

ÖüuÜTüteÜÖäTürwuVäÜfünf ⑦

3

Ü ü   Ü ü

Tür

Würfel

1: Wörter in Silben schwingen und sprechen, Wörter mit Ü ü finden und einkreisen; Lautge-
bärde anwenden; **Diff.:** siehe hinten im Heft; über den QR-Code die Minibilder anhören;
2: Ü ü einkreisen; **Diff.:** versteckte Wörter finden; 3: Ü ü / Wörter nachspuren und schreiben

• Fibel: S. 52/53
• C 101–105

1

Hüt	ren	fel		Fül	te	ten
Tü	Wür	te		Hü	Tü	ler

2 Ein Haus hat eine [Hütte | Tür].

Das Eis ist in der [Tüte | Schüssel].

Das Wesen hat fünf [Rüssel | Münder].

Die Dame hat drei [Hüte | Würfel].

3

M	H	Ü	T	E	U	N	T	I	F	N
I	U	N	E	D	F	Ü	L	L	E	R
T	Ü	R	Ü	R	S	T	Ü	T	E	S
N	O	M	I	W	Ü	R	F	E	L	C
R	S	C	H	L	Ü	S	S	E	L	H

• Fibel: S. 52/53
• C 101–105

1: Silbenarbeit; Silben verbinden und aufschreiben; 2: Silbenarbeit; nicht passende Wörter durchstreichen; Sätze mit der passenden Illu verbinden; 3: Grundwortschatz-Wörter im Suchsel finden und markieren; **Differenzierung**: Wörter in ein Schreibheft schreiben

101

1

2

3

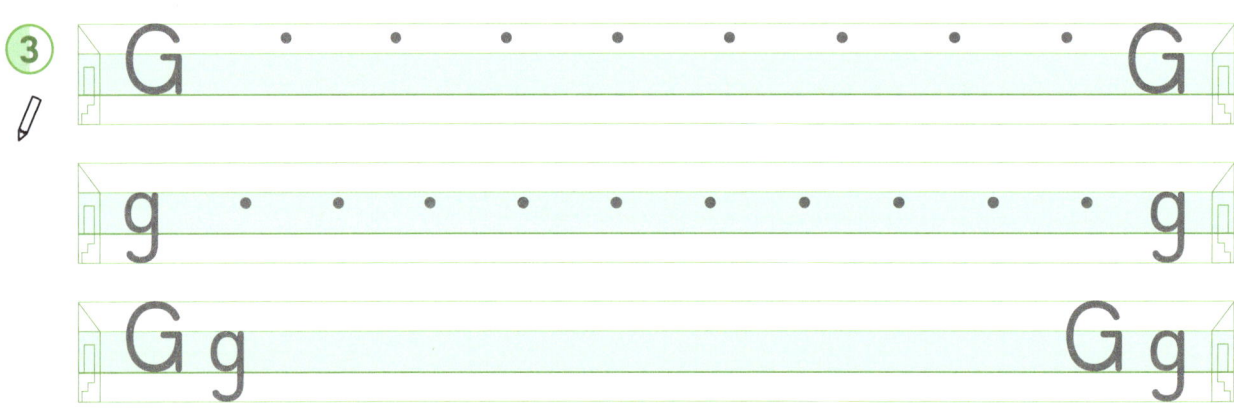

1: Wörter in Silben schwingen und sprechen, Wörter mit G g finden und einkreisen; Lautge-
bärde anwenden; **Differenzierung**: siehe hinten im Heft; über den QR-Code die Minibilder
anhören; **2/3**: G g nachspuren und schreiben

• Fibel: S. 54/55
• ℂ 106–110

1

O	a	o	d	u	U	O	D	o	A
A	D	a	O	A	u	a	g	G	g
o	d	g	G	G	d	o	G	D	o
D	O	g	D	g	o	A	G	u	d
G	G	g	O	G	a	g	g	O	A
d	O	D	d	g	G	G	u	a	d
a	A	a	U	O	u	D	A	o	U

2

Garten

gut

gern

3

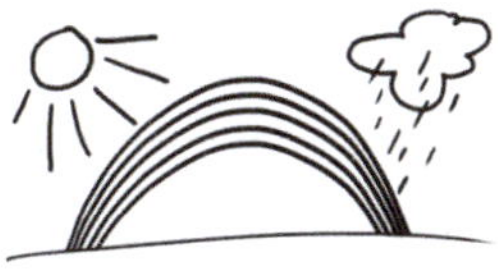

• Fibel: S. 54/55
• C 106–110

1: Felder mit G g anmalen; **2:** Wörter mit G g schreiben und lesen; Silbenarbeit beim Schreiben;
Diff.: Wörter dieser Aufgabe oder eigene Wörter mit G g (ab-)schreiben;
3: Silbentraining: Wörter in Silben schwingen; ankreuzen, in welcher Silbe der Laut ist

103

1

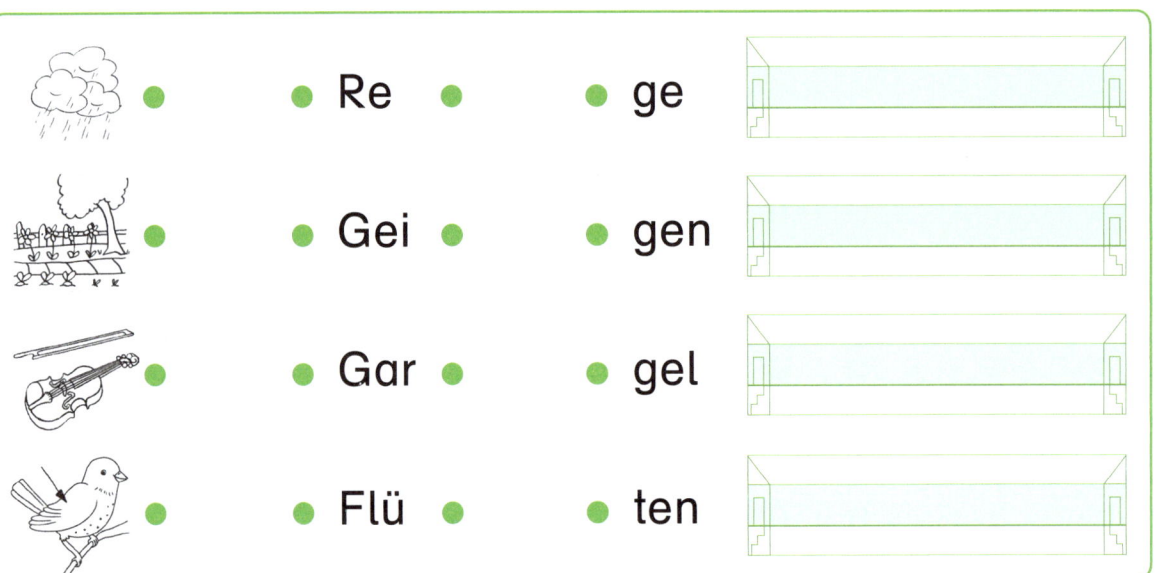

	Re	ge	
	Gei	gen	
	Gar	gel	
	Flü	ten	

2

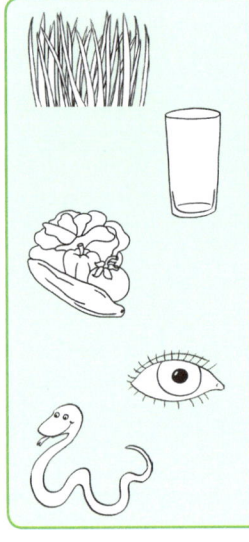

Graf	Gras	Gras	Gral
Glas	Gas	Gast	Glas
Genüsse	Gemüse	Gemüse	Gemüt
Lauge	Auge	Raufe	Auge
Schlange	Wange	Schlaf	Schlange

3

(sind)	sinb	sund	find	sind	dnis
dind	sinb	sind	dnis	lind	sind
sind	mind	sind	sond	send	sind
gind	sind	sind	find	sund	hind

1: Bild und passende Silben verbinden und Wort schreiben; Silbenarbeit
2: Silbenarbeit; Wörter finden und einkreisen
3: Ganzwort *sind* einkreisen

• Fibel: S. 54/55
• ⌒ 106–110

9

1

eine grüne Schlange

ein graues Haus

2

Die Maus erfindet ●	● gemeine, grelle Augen.
Der Grüffelo hat ●	● auf grünes Gemüse.
Im grünen Gras ist ●	● ein gruseliges Wesen.
Die Maus hat Hunger ●	● eine rote Schlange.

3

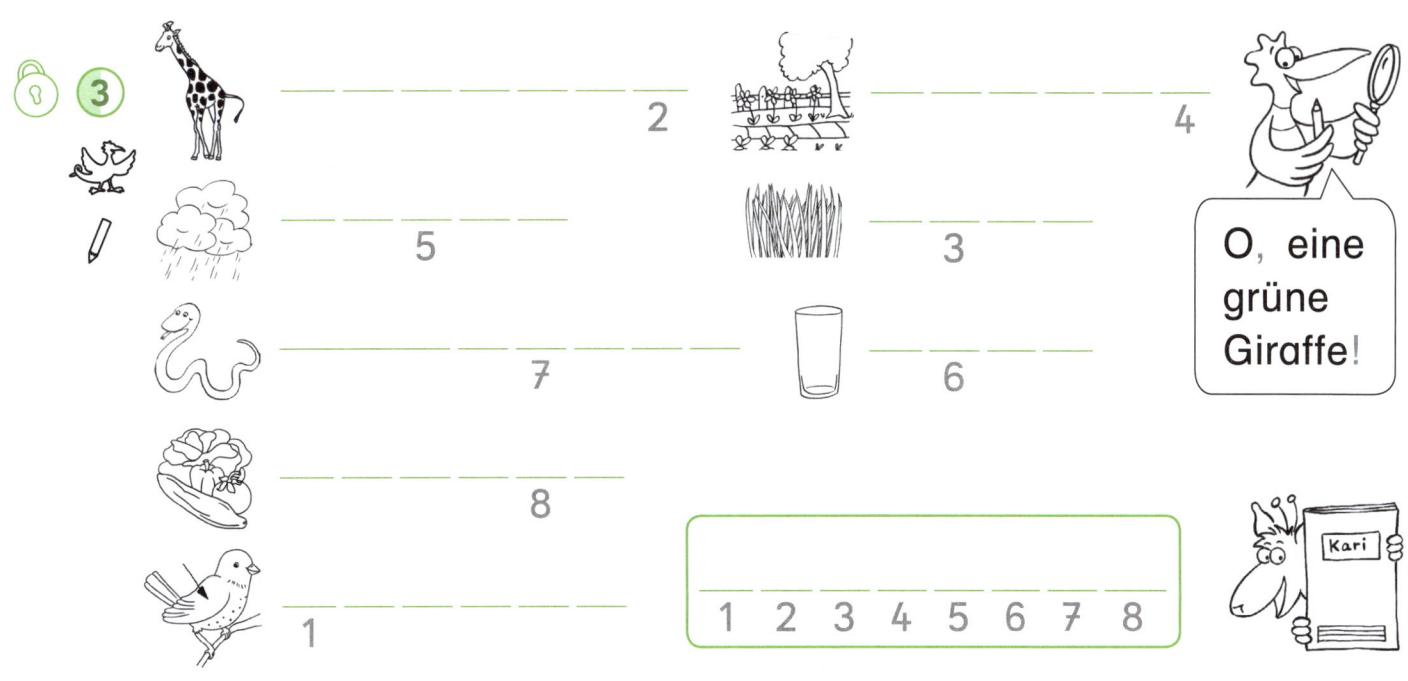

2

5

7

8

1

4

3

6

O, eine grüne Giraffe!

1 2 3 4 5 6 7 8

• Fibel: S. 54/55
• C 106–110

1: Silbenarbeit; Wortgruppen abschreiben; Bilder passend anmalen; 2: Silbenarbeit; passende Satzteile verbinden; 3: Silbenarbeit; Grundwortschatz-Wörter aufschreiben; Lösungswort finden; **Differenzierung:** Wörter in ein Schreibheft schreiben

105

1

2

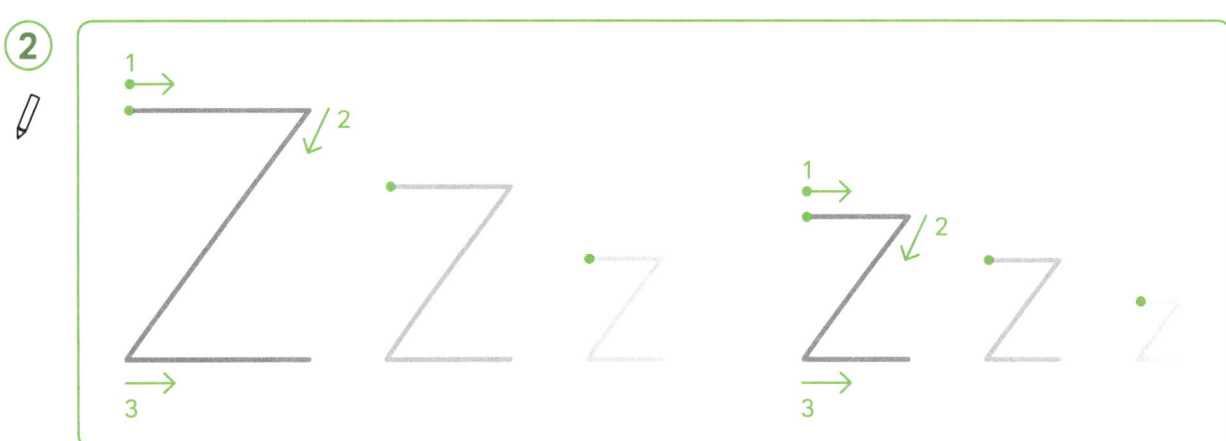

3

1: Wörter in Silben schwingen und sprechen, Wörter mit Z z finden und einkreisen; Lautge-bärde anwenden; **Differenzierung:** siehe hinten im Heft; über den QR-Code die Minibilder anhören; **2/3:** Z z nachspuren und schreiben

• Fibel: S. 56/57
• C 111–116

1

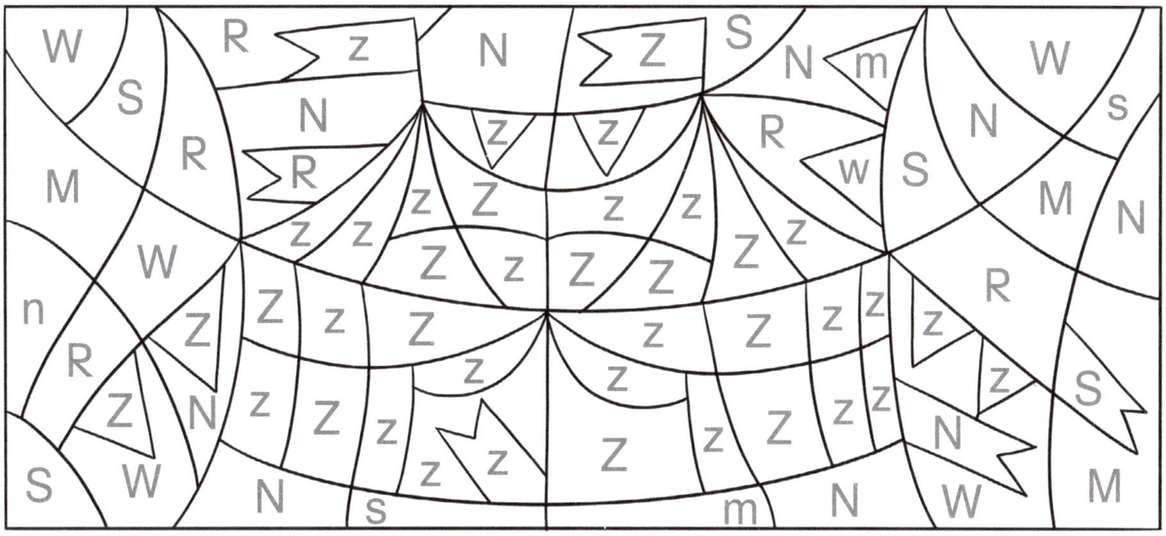

W S R M W n R Z S W N R N Z Z Z Z N Z R Z Z Z Z Z N z Z Z N Z S Z Z Z z Z Z Z Z Z Z Z z Z Z Z z Z z Z N S Z z N m N W N W m N W s S M N R S M

2 Züge

zu

zwei

3

• Fibel: S. 56/57
• C 111–116

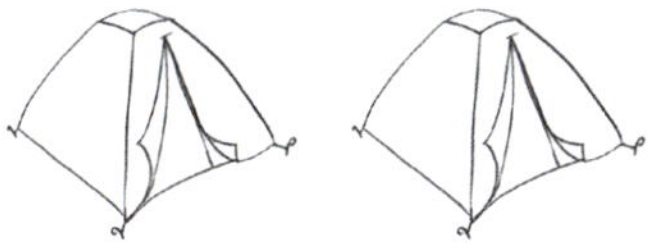

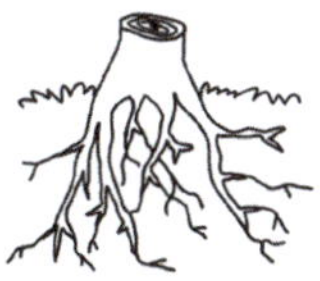

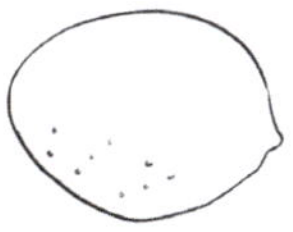

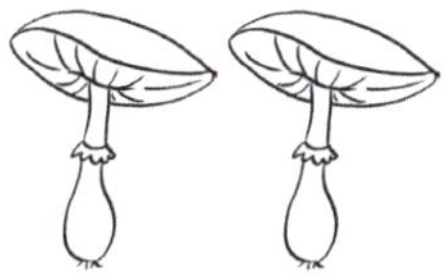

1: Felder mit Z z anmalen; **2:** Wörter mit Z z schreiben und lesen; Silbenarbeit beim Schreiben;
Diff.: Wörter dieser Aufgabe oder eigene Wörter mit Z z (ab-)schreiben;
3: Silbentraining: Wörter in Silben schwingen; ankreuzen, in welcher Silbe der Laut ist

1

Her	Zwer	ge		Zan	tel	Wur
Zun	zen	ge		Zet	ge	zel

2

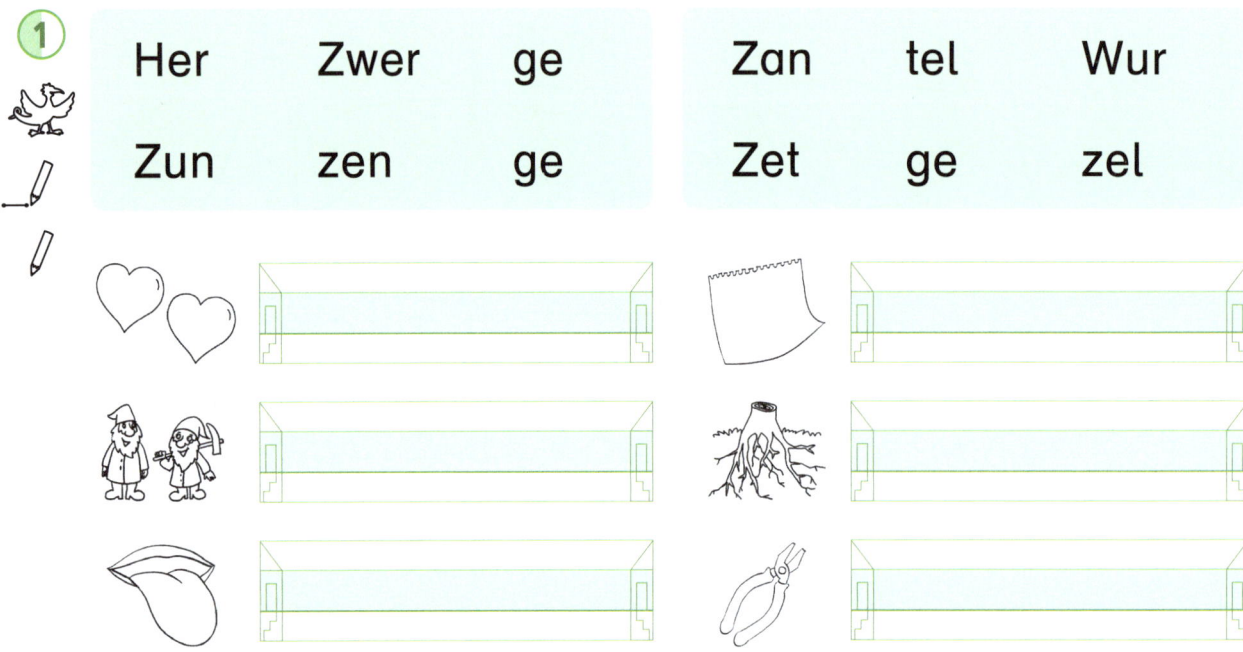

Zimt	2	Zwei		Zimmer
Zaun		Zwerge		Zitrone
Züge		Zelte		Zeit

3

ich		ich
du erfindest		du zündest
wir		wir

1: Silbenarbeit; Silben verbinden und aufschreiben
2: Silbenarbeit; Bilder mit passenden Wörtern verbinden
3: passende Verbformen bilden

• Fibel: S. 56/57
• ⊂ 111–116

1

Z z
Prüfe mit den Lautgebärden.
S s

Z	S
Z	S
Z	S
Z	S
Z	S

Z	S
Z	S
Z	S
Z	S
Z	S

2

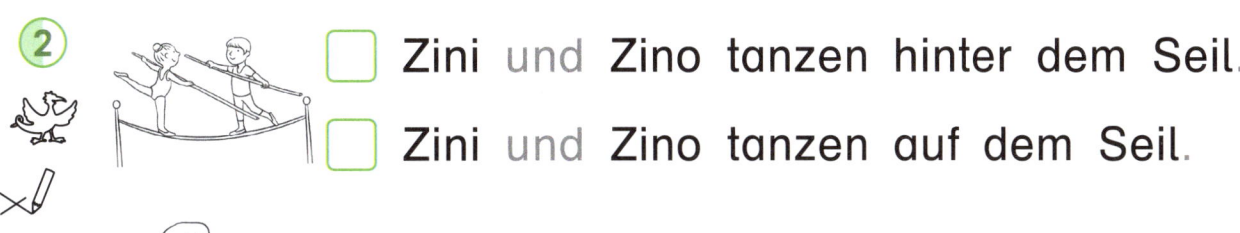

☐ Zini und Zino tanzen hinter dem Seil.

☐ Zini und Zino tanzen auf dem Seil.

☐ Zorro hat eine Maus im Hut.

☐ Zorro hat ein Haus im Hut.

Male die Züge rot an.

3

• Fibel: S. 56/57
• C 111–116

1: Wörter sprechen, mit den Lautgebärden überprüfen; den richtigen Buchstaben einkreisen
2: Silbenarbeit; zu den Bildern passende Sätze ankreuzen
3: Grundwortschatz-Wörter mit Z z im Bild finden und aufschreiben; Silbenarbeit

109

2

3

1: Wörter in Silben schwingen und sprechen, Wörter mit B b finden und einkreisen; Lautge-
bärde anwenden; **Differenzierung:** siehe hinten im Heft; über den QR-Code die Minibilder
anhören; **2/3:** B b nachspuren und schreiben

• Fibel: S. 58/59
• C 117–121

1

BPDBBPDGRBRPDBDBRP ⑥

bdpgpddbdpqgbbgbdpdq ⑤

BpBuspBbdblaubdbZebraBP ⑨

2

Baum

bin

3

• Fibel: S. 58/59
• ⊂ 117–121

1: B b einkreisen; **Diff.:** versteckte Wörter finden; 2: Wörter mit B b schreiben und lesen;
Silbenarbeit beim Schreiben; **Diff.:** Wörter dieser Aufgabe oder eigene Wörter (ab-)schreiben; 3: Silbentraining: Wörter in Silben schwingen; ankreuzen, in welcher Silbe der Laut ist

111

1

	Ga	bra	
	Bir	me	
	Blu	bel	
	Ze	ne	

2

Zebra	Biber	Blauwal	Blume
Banane	Weintrauben	Brille	Birne

3

bei	dei bei bai bie bei dei die bei bai bei bie dei	4
bin	ben din bin bin biu dui bin bni din ben bin din	4
bis	bis dis bsi bis bes dis bis bis sib bis bis dis	6

4

1: Bild und passende Silben verbinden und Wort schreiben; Silbenarbeit; **2:** Silbenarbeit; Wort, das nicht zu den anderen passt, durchstreichen; **3:** Häufigkeitswörter *bei*, *bin* und *bis* einkreisen; **4:** Wörter sprechen, schwingen und aufschreiben

• Fibel: S. 58/59
• ○ 117–121

1

Der Zauberer Balbo hat einen blauen Zauberhut auf.

Zauberer Balbo zaubert braune und blaue Hasen aus dem Hut.

2

Zauberer Balbo ● ● brodelt auf dem Tisch.

Blaue Blasen ● ● zaubert gern.

Beide Tauben ● ● brüten im Nest.

Die Brause ● ● blubbern in einer Schüssel.

3

Frage

Trage

Traum

Berge

Gabel

blau

Bank

• Fibel: S. 58/59
• C 117–121

1: Silbenarbeit; Bilder passend ergänzen
2: Silbenarbeit; passende Satzteile verbinden
3: Silbenarbeit; Reimwörter finden und aufschreiben (Grundwortschatz)

113

Konsonantenhäufungen

1 (Fr) (Schl) (Schw) (Zw) (fr) (schl) (schw) (zw)

Schwan   Zwei   ausschlafen   zwingen

Schleim   Frau   früher   schwer

2

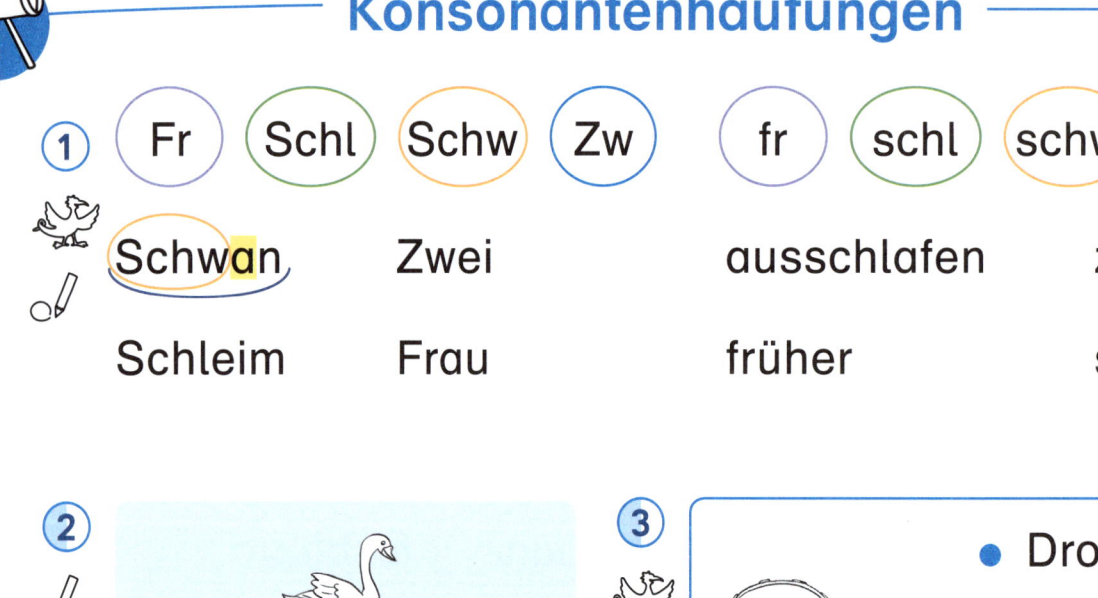

3

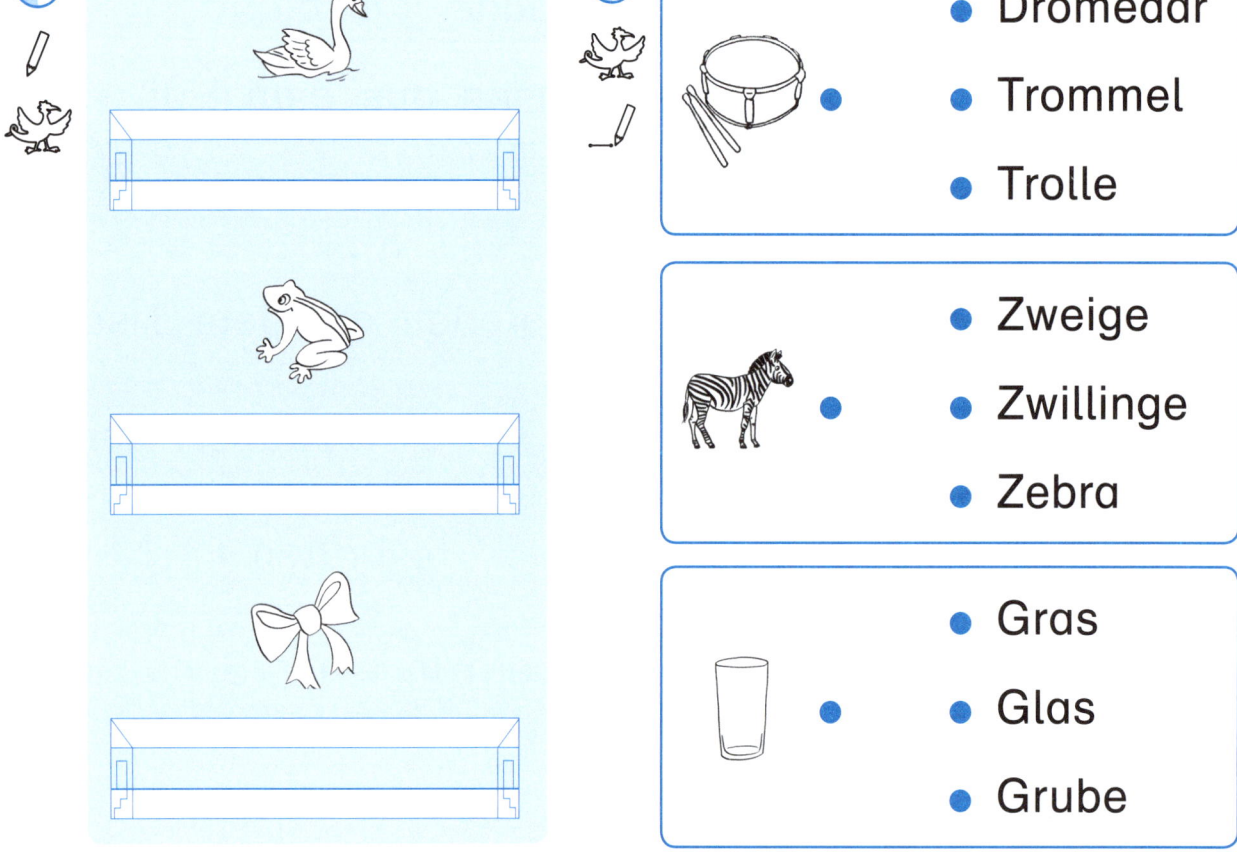

- Dromedar
- Trommel
- Trolle

- Zweige
- Zwillinge
- Zebra

- Gras
- Glas
- Grube

4

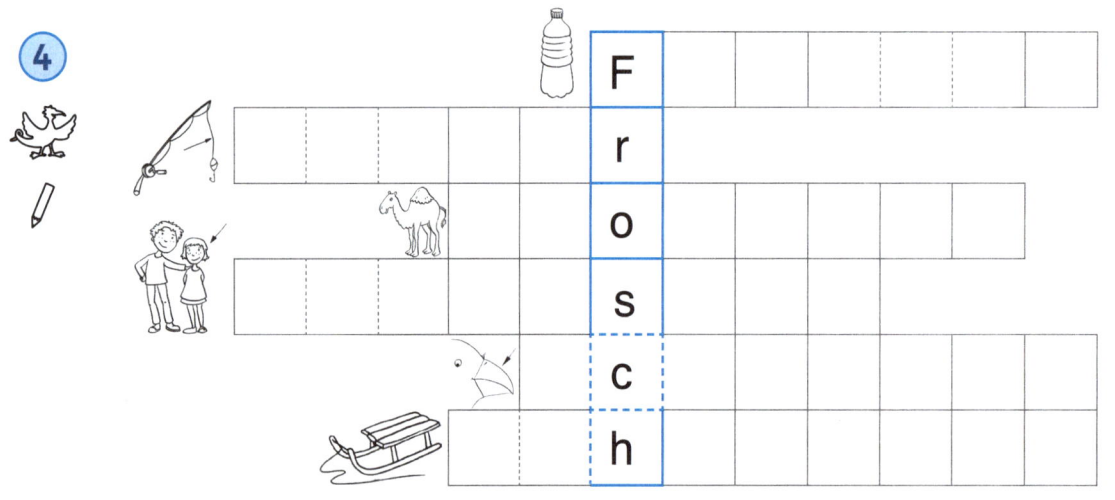

	F						
	r					
	o					
	s						
	c		
	h		

1: Silbenarbeit; Konsonantenhäufungen einkreisen; 2: Wörter sprechen, schwingen und aufschreiben; 3: Silbenarbeit; Bild und passendes Wort verbinden; 4: Wörter sprechen, schwingen und im Rätsel aufschreiben

• Fibel: S. 60/61
• ◠ 122

1

Ü ü

G g

Z z

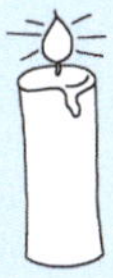

B b

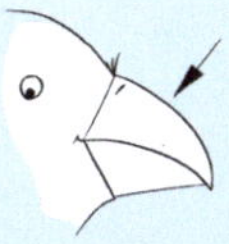

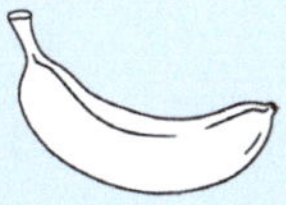

😄 🙂 😐 🙁

2

Z	S

Z	S

Z	S

z	s

z	s

😄 🙂 😐 🙁

3

😄 🙂 😐 🙁

• Fibel: am Ende von Kapitel 6   Inhalte aus den Bereichen Sprache untersuchen und Schreiben wiederholen; Lernerfolg selbst einschätzen; über Lernen sprechen; Lernerfahrungen reflektieren

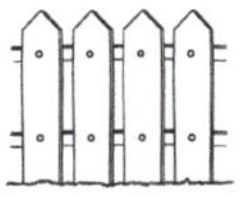

115

1

Biene	Wiese	Zwiebel	Riese
Batterie			ziehen
lieben			Fliege
Tiere	liegen	Wiesel	Melodie

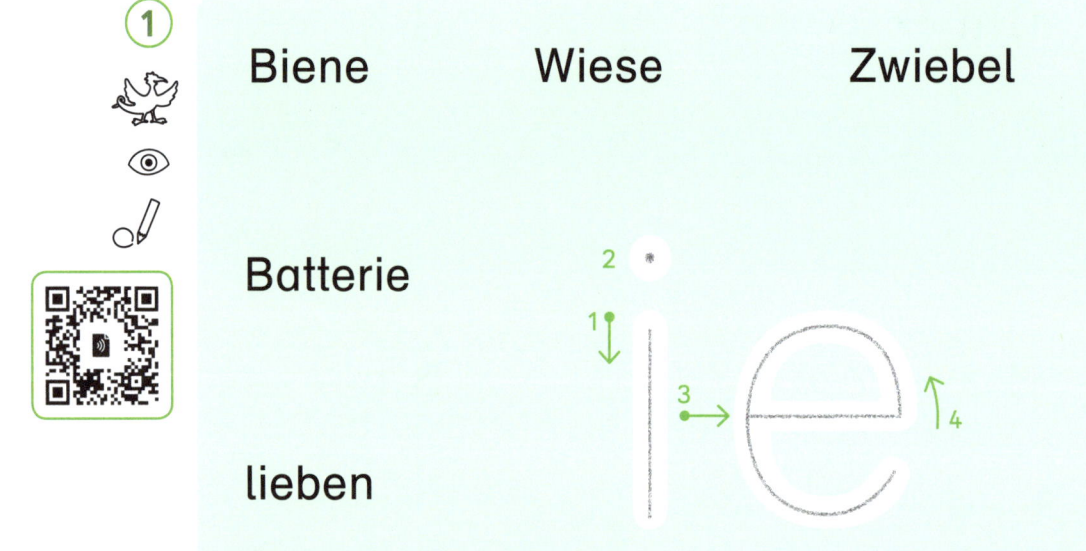

2

ie   ie

Tiere

liegen

3

die	die die dei bie die die bei die bie bie bei	5
wie	wei wie wie eiw wie eiw wie wei wie wie	6
sie	sei eis sie sei sie sie zei sie sei zie sie eis	5

1: Wörter mit ie lesen und in Silben schwingen und sprechen; ie einkreisen; über den QR-Code die Wörter anhören; 2: ie / Wörter nachspuren und schreiben
3: Häufigkeitswörter die, wie und sie einkreisen

• Fibel, S. 62/63
• C 123–125

1

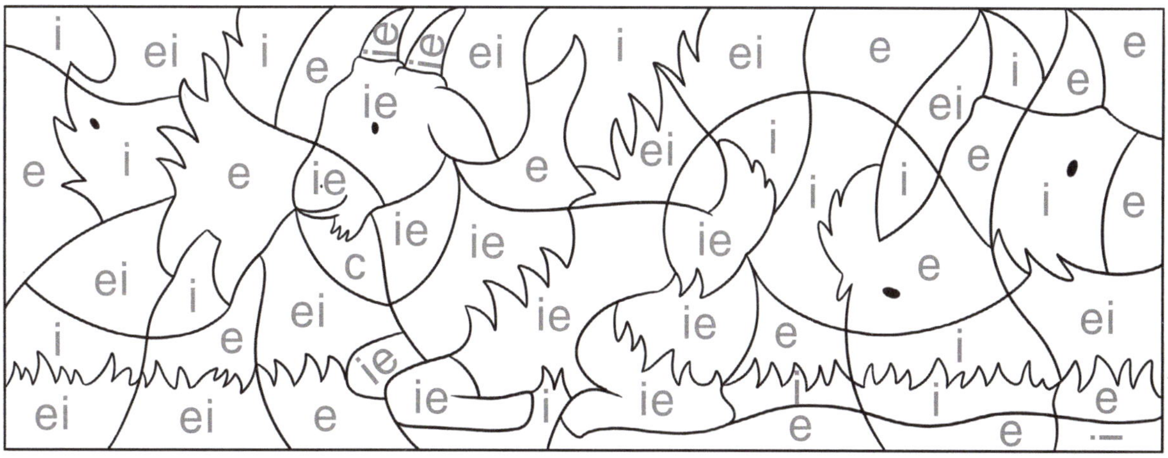

2

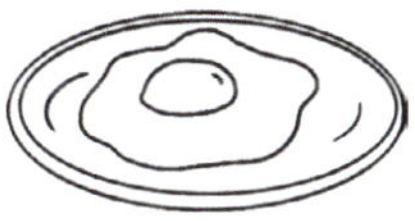

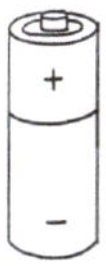

3

| Schie | Rie | bel | Flie | ge | se |
| Zwie | ne | se | Zie | Wie | ge |

• Fibel, S. 62/63
• C 123–125

1: Felder mit ie anmalen
2: Silbentraining: Wörter in Silben schwingen; ankreuzen, in welcher Silbe der Laut ist
3: Wörter sprechen und schwingen; mithilfe der Silben aufschreiben

117

1

Schrift	Briefe	Liebe	Rinder
bieten	Flieder	mit	wir
wilde	wie	sie	Bilder

ie		i

Briefe	Schrift

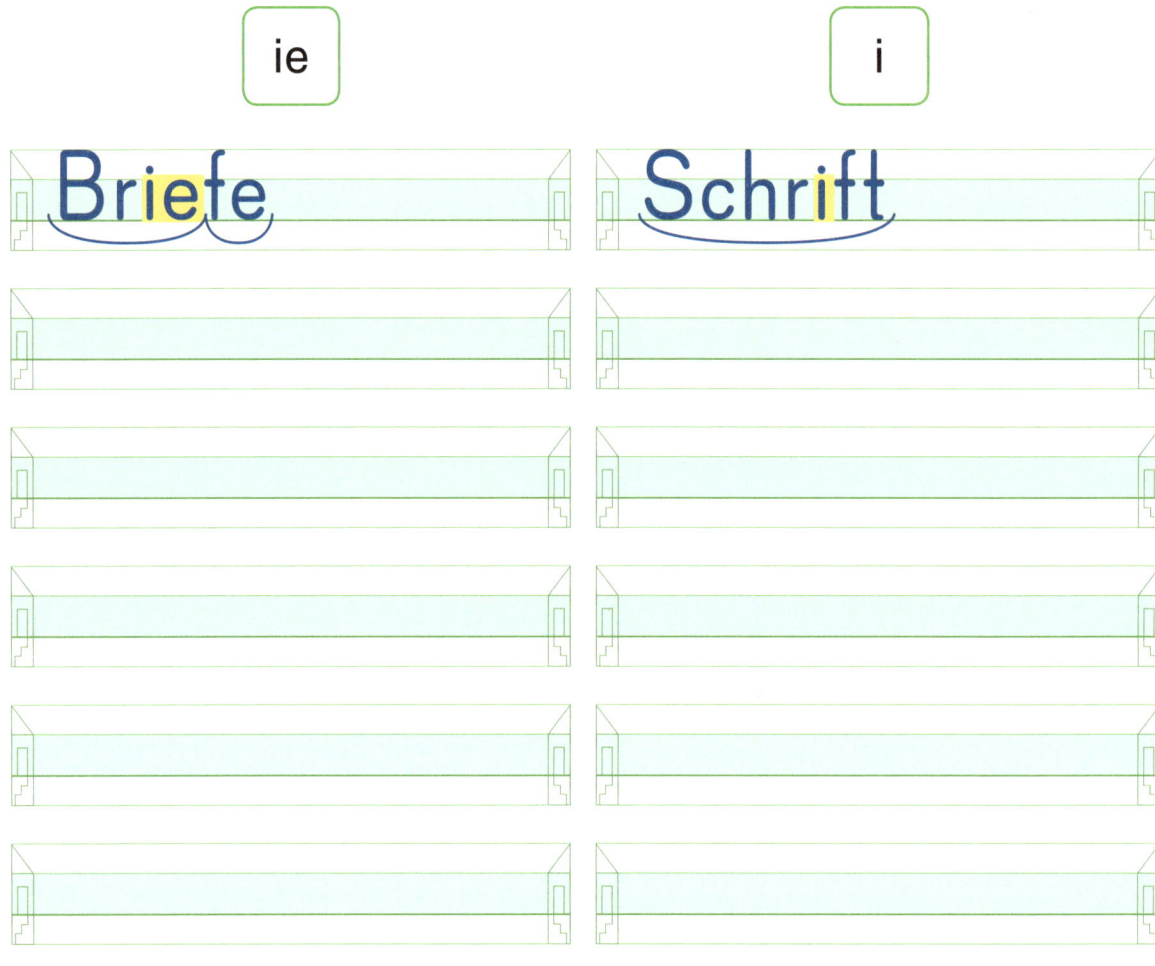

2

ie	i

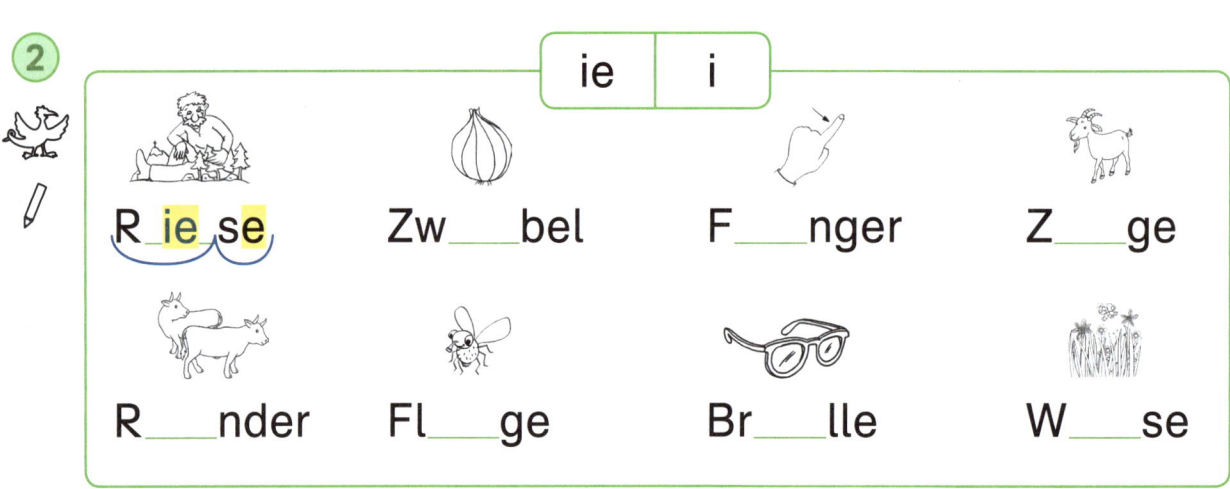

R ie se   Zw___bel   F___nger   Z___ge

R___nder   Fl___ge   Br___lle   W___se

1: Wörter mit ie und i mit Silbenbögen lesen; Klang des ie am Ende der Silbe (lang ausgesprochen) und des i in der Silbe (kurz ausgesprochen) unterscheiden; die Wörter geordnet aufschreiben; **2:** Silbenarbeit; Stellung des ie und i erfassen; Lücken ergänzen

• Fibel, S. 62/63
• 123–125

1

☐ Auf der Wiese liegen Fliegen.

☐ Auf der Wiese ziehen Ziegen.

☐ Auf der Wiese fliegen Bienen.

☐ Müde Ziegen fliegen über die Wiese.

☐ Müde Ziegen liegen auf der Wiese.

☐ Müde Fliegen liegen am Wasser.

2

Frieda und Marie | schreiben | bleiben | Briefe.

Oma und Mama singen | Fliegen | Lieder |.

Die Amseln ziehen an den | Wieseln | Würmern |.

Die Riesen lieben rosa | Flieder | Fieber |.

Liebe

Kari

3

M	A	W	L	U	K	T	O	K	I	S
V	A	I	F	F	L	I	E	G	E	W
B	I	E	N	E	A	E	J	O	P	I
U	B	S	U	C	B	R	I	E	F	E
D	I	E	B	E	Z	E	K	S	U	L

• Fibel, S. 62/63
• C 123–125

1: Silbenarbeit; passenden Satz ankreuzen; **2**: Silbenarbeit; nicht passendes Wort durch-streichen; **Differenzierung**: Sätze in ein Schreibheft schreiben; **3**: Grundwortschatz-Wörter im Suchsel finden; **Differenzierung**: Wörter in ein Schreibheft schreiben

119

K k

1

2

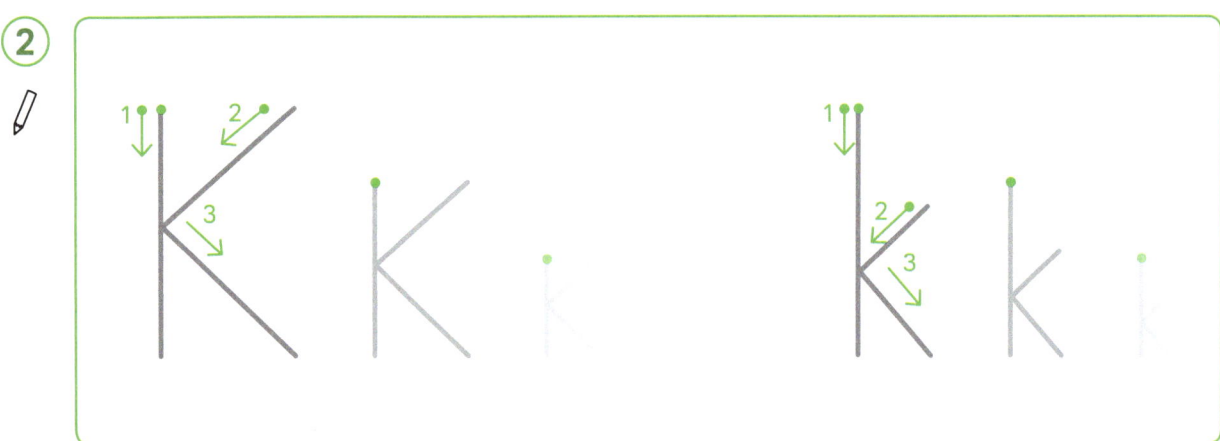

3

1: Wörter in Silben schwingen und sprechen, Wörter mit K k finden und einkreisen; Lautgebärde anwenden; **Differenzierung**: siehe hinten im Heft; über den QR-Code die Minibilder anhören; **2/3**: K k nachspuren und schreiben

• Fibel, S. 64/65
• ⌒ 126–132

HKnLkmKhkTLKhkmknKLH   8

kMktKmMhTKeksHeMsaL   5

mkalteiLhkleinMKakadu   4

KunoknabbertkleineKekse.   5

2

Krake

krank

Kaktus

3

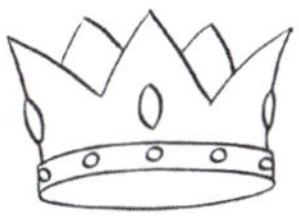

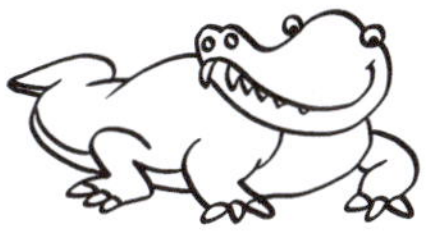

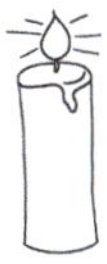

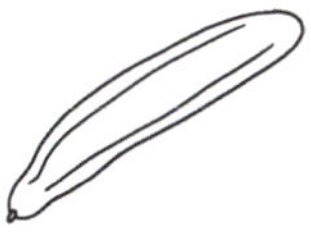

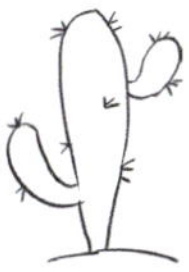

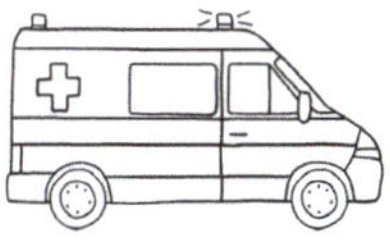

1: K k einkreisen; **Diff.:** versteckte Wörter finden; **2:** Wörter mit K k schreiben u. lesen; Silbenarbeit beim Schreiben; **Diff.:** Wörter dieser Aufgabe oder eigene Wörter mit K k (ab-)schrei-
ben; **3:** Silbentraining: Wörter in Silben schwingen; ankreuzen, in welcher Silbe der Laut ist

1

G g   Prüfe mit den Lautgebärden.   K k

| G | K | | G | K | | G | K | | G | K | | G | K |

| g | k | | g | k | | g | k | | g | k | | g | k |

2

Mu •   • te

Kis •   • sik

Wol •   • mel

Ka •   • ke

3

ich   ich trinke

du

wir kaufen

1: Wörter sprechen, mit den Lautgebärden überprüfen; den richtigen Buchstaben einkreisen   • Fibel, S. 64/65
2: Wörter sprechen und schwingen; Silben verbinden und Wörter aufschreiben   • C 126–132
3: passende Verbformen bilden

1

Im Keller ist ein Koffer. ☺ ☹

In einer Kiste sind Kartoffeln. ☺ ☹

Am Haken ist eine Hose. ☺ ☹

Auf einem Regal sind Kekse. ☺ ☹

2

Am Himmel sind ●   ● eine kurze Hose.

Der Kater klettert ●   ● kleine Wolken.

Onkel Kuno hat ●   ● auf einen Baum.

3

Male eine Rakete.

• Fibel, S. 64/65
• C 126–132

1: Silbenarbeit; Sätze lesen, mit dem Bild vergleichen und ankreuzen, ob die Aussagen stimmen oder nicht; **2:** Silbenarbeit; passende Satzteile verbinden und Sätze aufschreiben; **3:** Grundwortschatz-Wörter im Bild suchen und aufschreiben (Silbenarbeit)

123

1

2

3

1: Wörter in Silben schwingen und sprechen, Wörter mit P p finden und einkreisen; Lautge-
bärde anwenden; **Differenzierung**: siehe hinten im Heft; über den QR-Code die Minibilder
anhören; **2/3**: P p nachspuren und schreiben

• Fibel, S. 66/67
• C 133–138

1

b	q	G	b	G	D	b	G	b	B
G	B	D	P	p	p	G	b	P	p
b	d	b	p	q	P	b	D	p	b
P	p	d	P	B	p	q	P	p	G
b	p	B	P	b	p	P	p	g	q
B	P	p	p	B	G	B	b	d	D
q	g	b	D	g	b	q	D	G	b

2

Puppe

klappern

Pepe

3

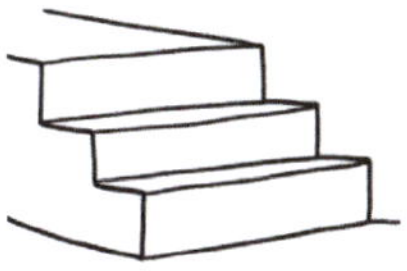

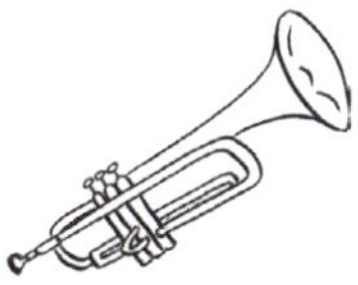

• Fibel, S. 66/67
• C 133–138

1: Felder mit P p anmalen; **2:** Wörter mit P p schreiben u. lesen; Silbenarbeit beim Schreiben;
Diff.: Wörter dieser Aufgabe oder eigene Wörter mit P p (ab-)schreiben;
3: Silbentraining: Wörter in Silben schwingen; ankreuzen, in welcher Silbe der Laut ist

125

1

P p

Prüfe mit den Lautgebärden.

B b

P	B		P	B		P	B		P	B		P	B

p	b		p	b		p	b		p	b		p	b

2

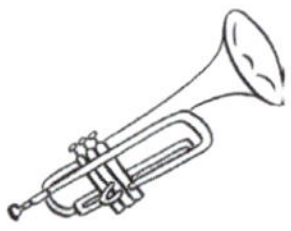

Pa • • pe • • gei

Trom • • pa • • te

Prin • • gu • • sin

Pin • • zes • • in

3

Pudel	Puma	Papagei	Planeten	Pute	Pinguin

Lupe	Pinsel	Lampe	Perle	Opa	Paket

1: Wörter sprechen, mit den Lautgebärden überprüfen; den richtigen Buchstaben einkreisen • Fibel, S. 66/67
2: Wörter sprechen und schwingen; Silben verbinden und Wörter aufschreiben • C 133–138
3: Silbenarbeit; Wort, das nicht zu den anderen passt, durchstreichen

1

| knuspern | pusten | planschen | parken |

Paul und Karo _____ gern Kekse.

Meine Eltern _____ das Auto.

Im Wasser _____ die Enten.

Die Kinder _____ Seifenblasen.

Trompete

2

Das ist Wanda.
Sie ist ein Panda.

Pedro und Paloma sind Pudel.
Sie fressen eine Nudel.

Paul und Pepe malen mit dem Pinsel.
Auf dem Zettel ist eine kleine Insel.

3

1   2

3   4

5   1 2 3 4 5

1: Silbenarbeit; Wörter und Sätze lesen und passendes Verb ergänzen; 2: Silbenarbeit;
Sätze mit passendem Bild verbinden; **Differenzierung:** Wörter in ein Schreibheft schreiben
3: Silbenarbeit; Grundwortschatz-Wörter aufschreiben; Lösungswort finden

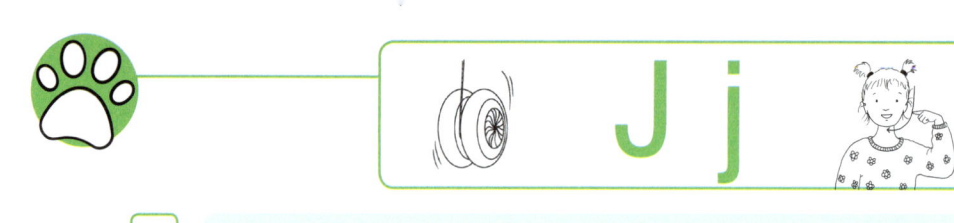

1

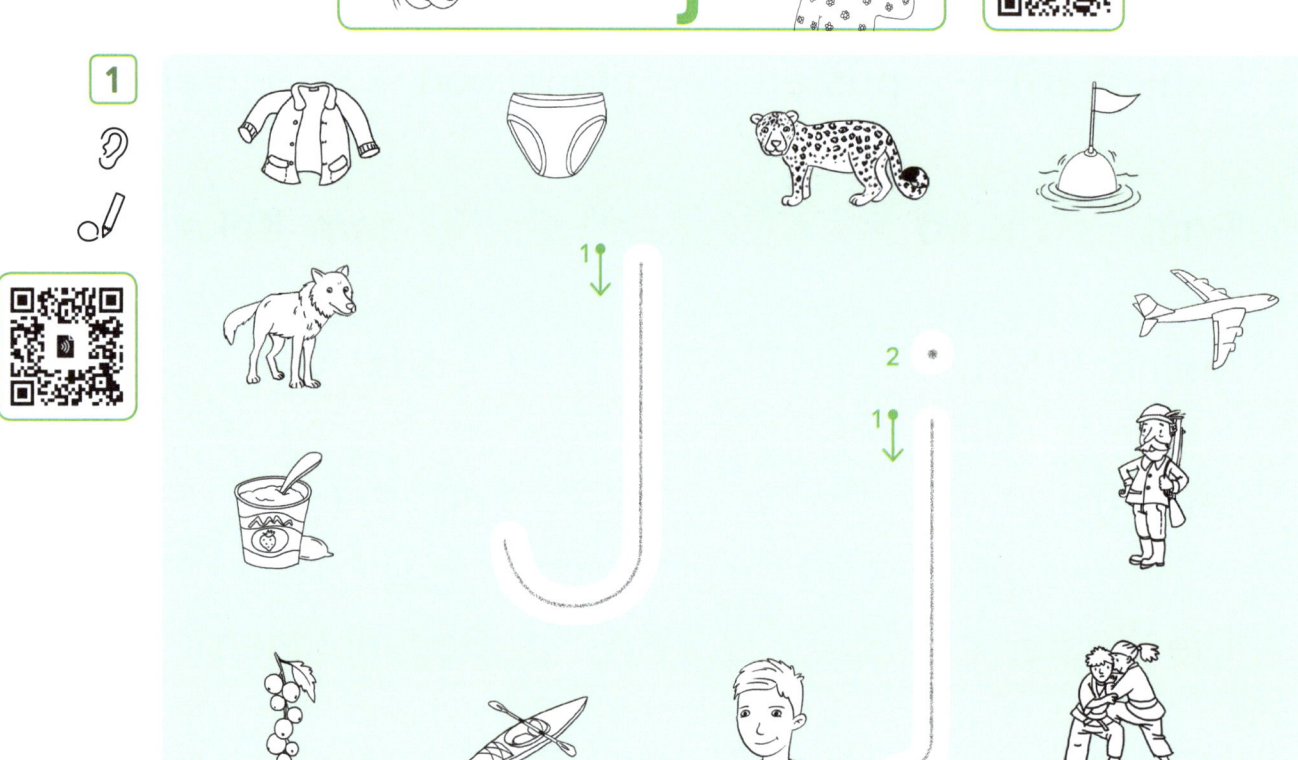

2

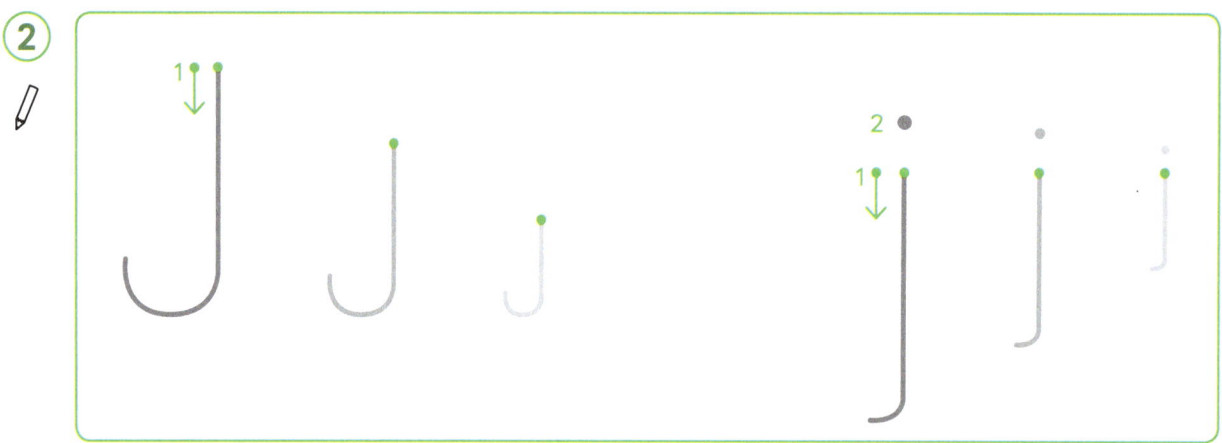

3

1: Wörter in Silben schwingen und sprechen, Wörter mit J j finden und einkreisen; Lautge-
bärde anwenden; **Differenzierung:** siehe hinten im Heft; über den QR-Code die Minibilder
anhören; **2/3:** J j nachspuren und schreiben

• Fibel, S. 68/69
• C 139–143

1

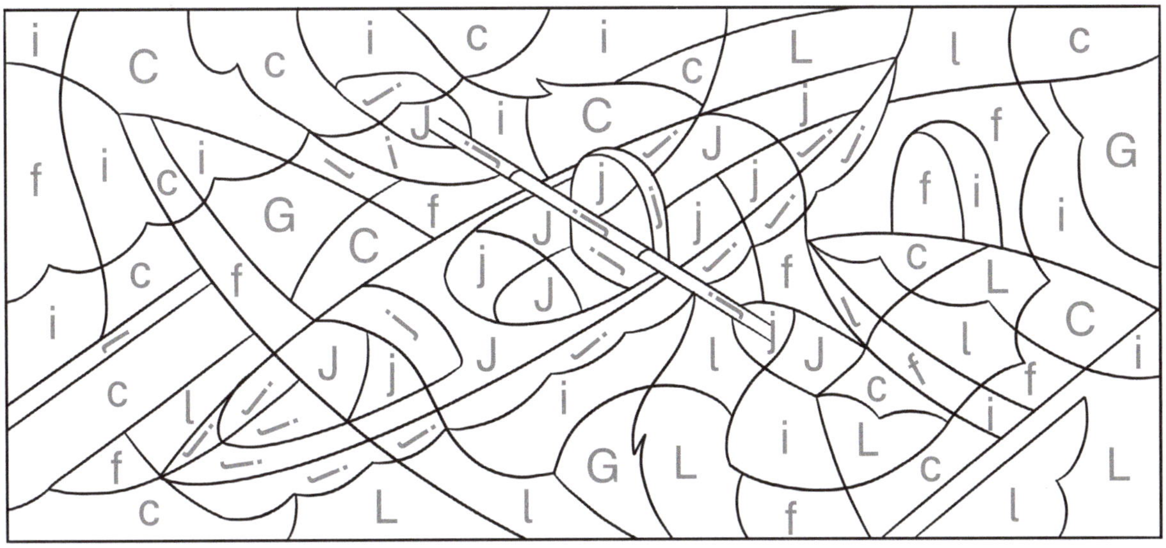

2 Junge

jeder

ja

3

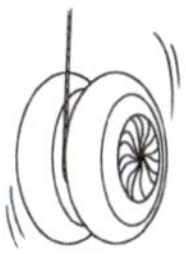

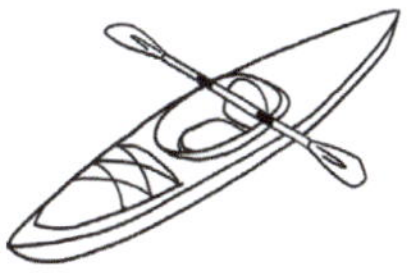

1: Felder mit J j anmalen; 2: Wörter mit J j schreiben und lesen; Silbenarbeit beim Schreiben;
Diff.: Wörter dieser Aufgabe oder eigene Wörter mit J j (ab-)schreiben;
3: Silbentraining: Wörter in Silben schwingen; ankreuzen, in welcher Silbe der Laut ist

①

Ja •	• we •	• ar	
Ju •	• nu •	• len	
Ja •	• han •	• ar	
Jo •	• gu •	• na	

②

Judo	jubeln	jammern
jaulen	Maja	Junge
Jade	Boje	jodeln
Japan	jeder	Jo-Jo

③ Junge   jagen   jaulen

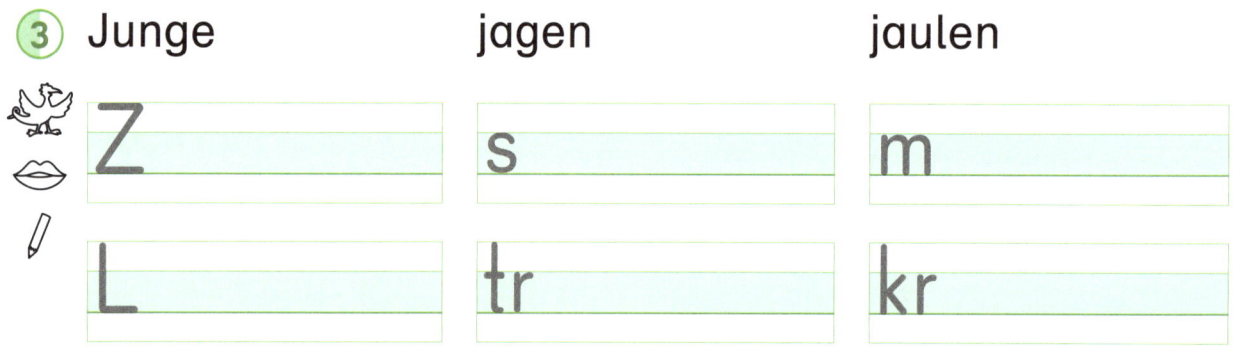

Z	s	m
L	tr	kr

1: Wörter sprechen und schwingen; Silben verbinden und Wörter aufschreiben
2: Silbenarbeit; Bilder mit passenden Wörtern verbinden
3: Silbenarbeit; Reimwörter finden und aufschreiben

• Fibel, S. 68/69
• ⌒ 139–143

130

1

| Der Juli | ein Monat. | ist |

_____

| lernt | Jonas | Judo. |

_____

Male eine Krone mit Juwelen.

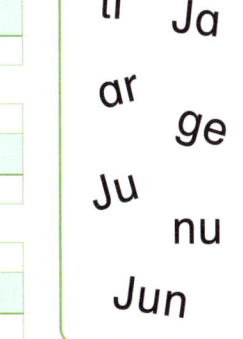

2

Im Juni feiert Jan mit seiner Klasse ein Fest.
Die ersten Kirschen sind schon rot. Im Garten
baumeln bunte Wimpel.
Jasmin schenkt Jan
ein blaues Jo-Jo. Er jubelt.
Worüber jubelst du?

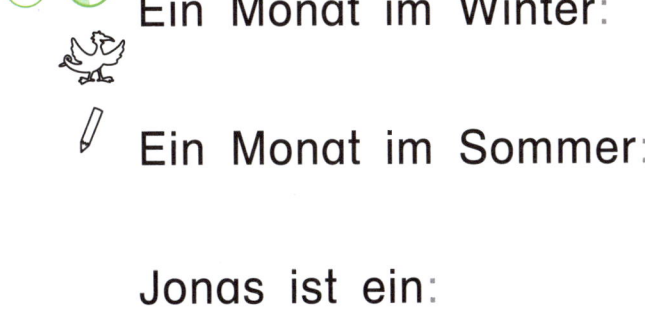

Ich _____

3

Ein Monat im Winter: _____

Ein Monat im Sommer: _____

Jonas ist ein: _____

li	Ja
ar	ge
Ju	nu
Jun	

• Fibel, S. 68/69
• C 139–143

1: Silbenarbeit; Satzteile in der richtigen Reihenfolge aufschreiben
2: Silbenarbeit; Bild passend zum Text durch Malen ergänzen; Frage beantworten
3: Grundwortschatz-Wörter aus den Silben bilden und aufschreiben

131

Wörter mit ie, Satzanfang, Punkt

Sprichst du am Ende einer Silbe ein *i*, so schreibst du meistens **ie**.

1

T_ie_re

Sch___ffe

Sch___rme

Br___lle

L___ge

Zw___bel

2

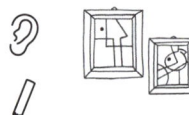

3

D

~~die~~ Kakadus finden sieben Nüsse.

zwei Aras fressen Samen auf der Wiese

die Loris planschen im warmen Wasser

alle Graupapageien schlafen auf der Palme

1: Silbenarbeit; Wörter mit ie und i mitsprechen; fehlenden Piloten eintragen
2: Silbenarbeit; Wörter mit ie und i mitsprechend aufschreiben
3: Großschreibung am Satzanfang korrigieren und Satzschlusszeichen ergänzen

• Fibel, S. 70–73
• ⊂ 144

Das kann ich

1

Zie • • pel

Am • • ge

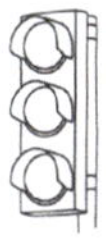

☺ ☺ 😐 ☹

2

ich puste

du

wir

ich

du

wir jaulen

☺ ☺ 😐 ☹

3

| P | B |

| P | B |

| P | B |

| p | b |

| p | b |

| G | K |

| G | K |

| G | K |

| g | k |

| g | k |

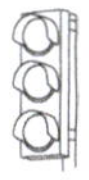

☺ ☺ 😐 ☹

4 Puppe   Liebe   Perle

S   D   K

☺ ☺ 😐 ☹

• Fibel, am Ende von Kapitel 7   Inhalte aus den Bereichen Sprache untersuchen und Schreiben wiederholen; Lernerfolg selbst einschätzen; über Lernen sprechen; Lernerfahrungen reflektieren

133

Ch ch

1

2

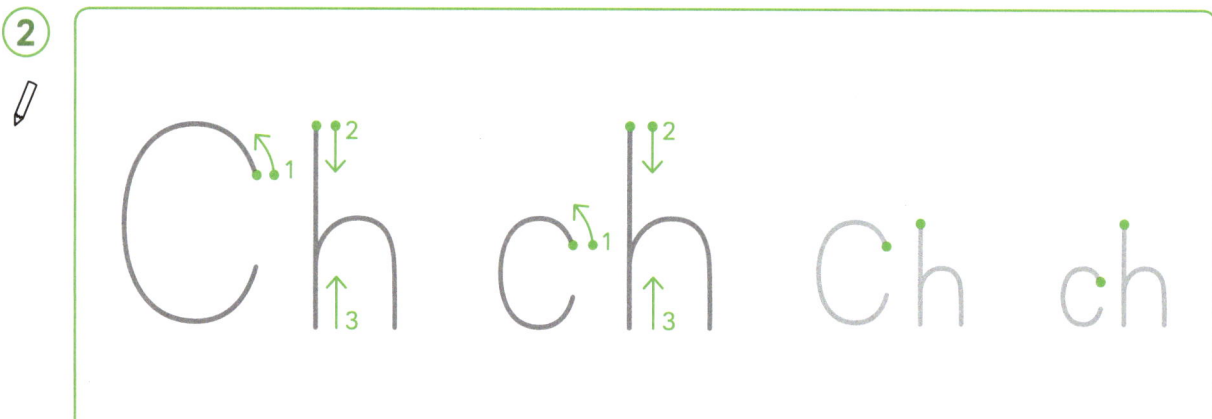

3

1: Wörter in Silben schwingen und sprechen, Wörter mit Ch ch finden und einkreisen; Lautgebärde anwenden; **Differenzierung:** siehe hinten im Heft; über den QR-Code die Minibilder
anhören **2/3:** Ch ch nachspuren und schreiben

- Fibel, S. 74/75
- C 145–150

1

CkDChObCbCnOChUhhChOCh   (4)

chdhcasclnchohiwchcnkchoh   (4)

kchnochmohwichchdhcacsslcn   (4)

hclkchDachpgChdwTeichChcc   (5)

2

Chef

ich

mich

3

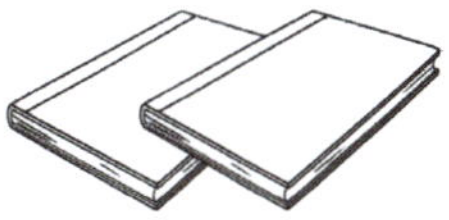

• Fibel, S. 74/75
• ⌒ 145–150

1: Ch ch einkreisen; **Diff.:** versteckte Wörter finden; 2: Wörter mit Ch ch schreiben u. lesen;
Silbenarbeit beim Schreiben; **Diff.:** Wörter der Aufgabe od. eigene Wörter mit Ch (ab-)schrei-
ben; 3: Silbentraining: Wörter in Silben schwingen; ankreuzen, in welcher Silbe der Laut ist

135

1

Koch ~~Koch~~   Dach   mich   Tuch

~~Milch~~   Teich   Licht   Fach

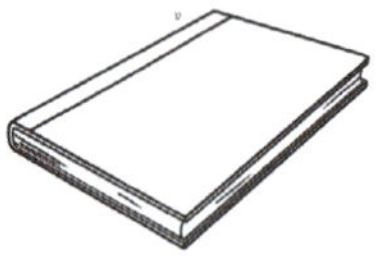

Milch

Koch

2

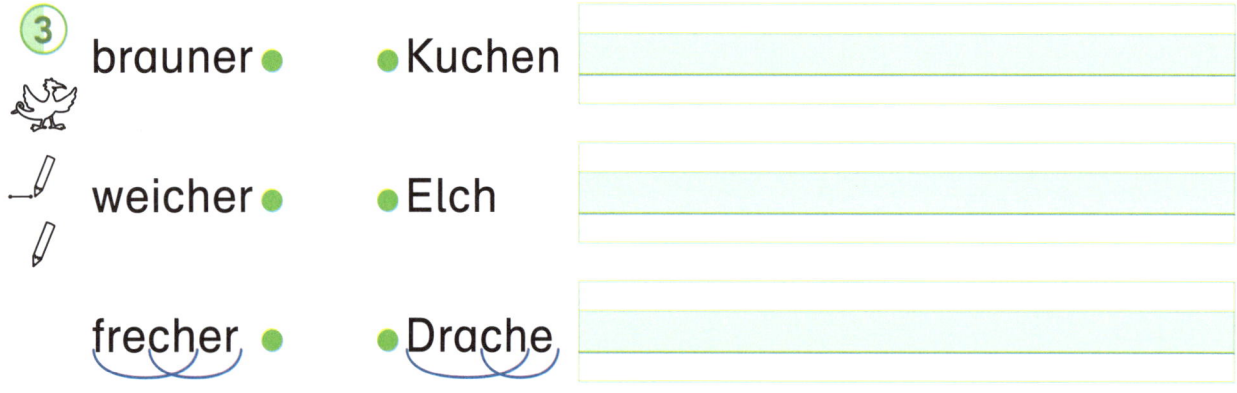

Bauch   Rauch   Teich

Bücher   Taube

Taucher   Raupe   Tücher

3

brauner ●   ● Kuchen

weicher ●   ● Elch

frecher ●   ● Drache

1: Wörter mit ch sprechen und schwingen; entscheiden, ob das ch wie in Milch oder wie in
Buch klingt; 2: Silbenarbeit; Wörter finden und einkreisen; 3: Silbenarbeit; Wörter verbinden
und Wortgruppen aufschreiben (verschiedene Möglichkeiten)

• Fibel, S. 74/75
• C 145–150

1

2 Michel und Salome informieren sich

in einem Sachbuch über Molche.

Gerade lesen sie auf Seite acht:

Der Teichmolch hat
einen gelben Bauch.
An der Seite finden sich
dunkle Punkte.
An den hinteren Beinchen
hat der Molch fünf Zehen.

8

9

3

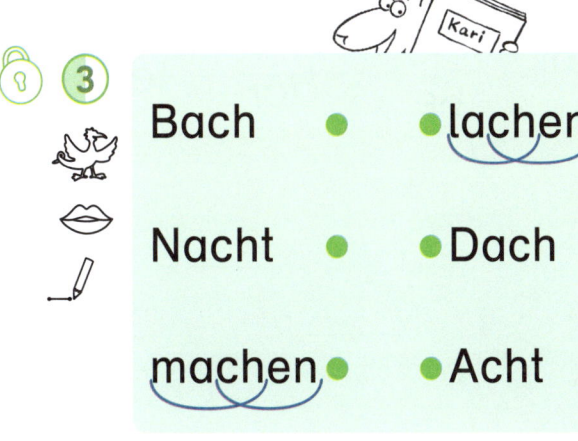

Bach • • lachen

Nacht • • Dach

machen • • Acht

Koch • • Kuchen

suchen • • Rauch

Bauch • • Loch

Male
ein rotes
Frage-
zeichen.

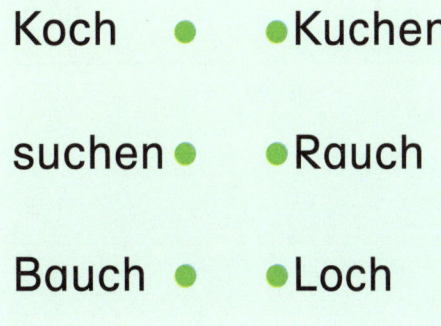

• Fibel, S. 74/75
• 145–150

1: Wörter mit ch sprechen und schwingen; ankreuzen, ob das Wort einen Kreuzbogen ent-
hält oder nicht; 2: Silbenarbeit; Bild passend zum Text durch Malen ergänzen 3: Grundwortschatz-Wörter schwingen und Reimwörter verbinden; Diff.: Wörter ins Heft abschreiben

137

1

2

Ö ö   Ö ö

Öl

Löwe

3

| we | Löf | ner | Mö | Kör | be | Hör | fel |

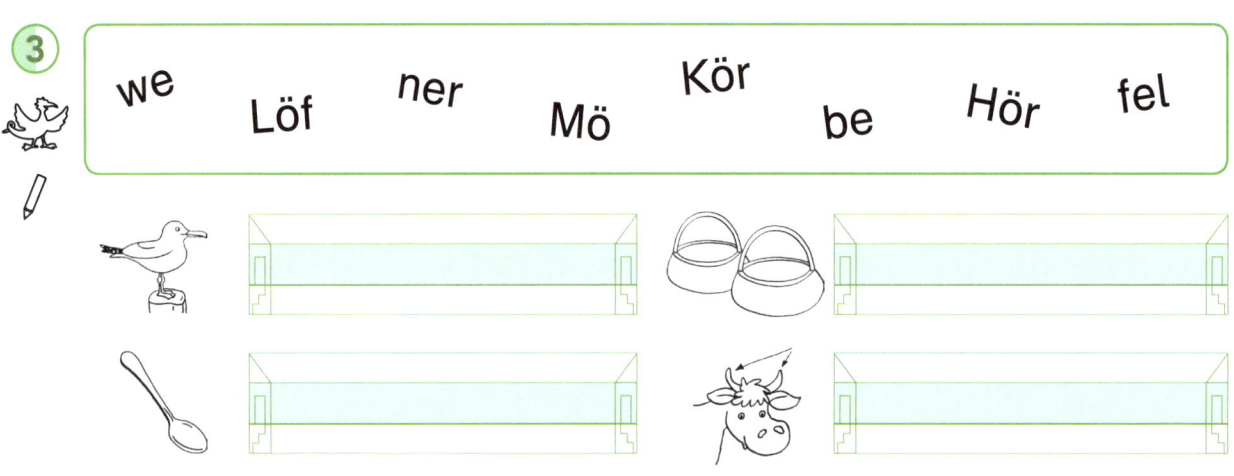

1: Wörter in Silben schwingen u. sprechen, Wörter mit Ö ö finden u. einkreisen; Lautgebärde
anwenden; **Diff.:** s. hinten im Heft; über den QR-Code die Minibilder anhören; **2:** Ö ö / Wörter
nachspuren u. schreiben; **3:** Wörter sprechen u. schwingen; mithilfe der Silben aufschreiben

• Fibel, S. 76
• ◖ 151–154

1 schöne bunte Einhörner

zwölf kleine Löcher

2 Eichhörnchen können gut klettern. ☺ ☹

 Ein Löwe hat zwölf Beine. ☺ ☹

Wölfe leben in einem Rudel zusammen. ☺ ☹

Die Flöte gehört zu den Instrumenten. ☺ ☹

Papageien mögen Körner und Nüsse. ☺ ☹

3

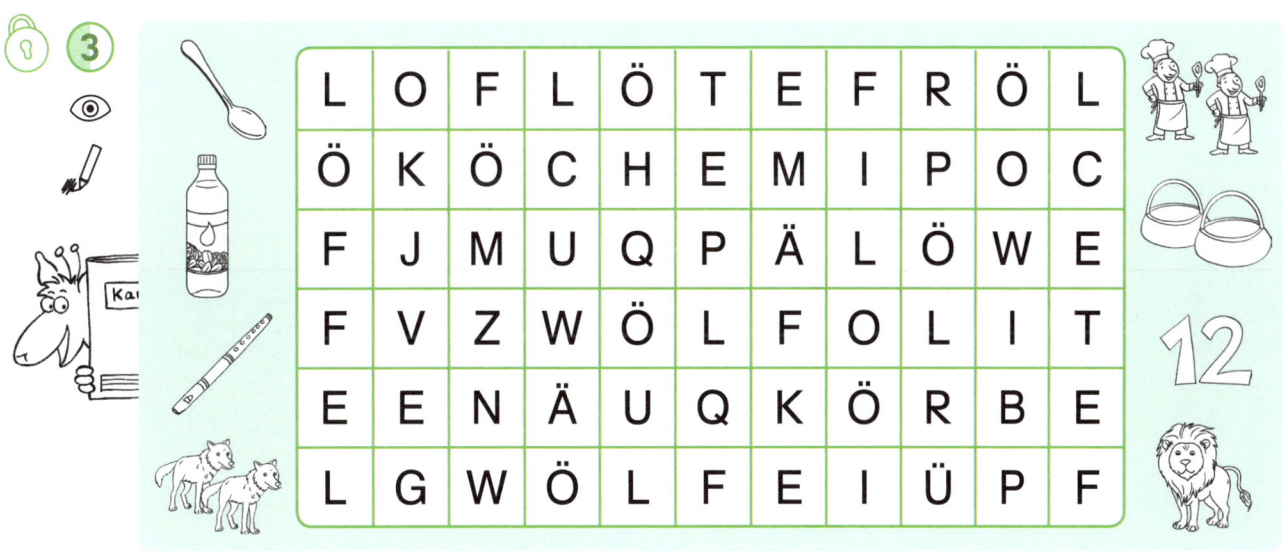

L	O	F	L	Ö	T	E	F	R	Ö	L
Ö	K	Ö	C	H	E	M	I	P	O	C
F	J	M	U	Q	P	Ä	L	Ö	W	E
F	V	Z	W	Ö	L	F	O	L	I	T
E	E	N	Ä	U	Q	K	Ö	R	B	E
L	G	W	Ö	L	F	E	I	Ü	P	F

Komisch! Die Truhe hat zwei Schlösser.

• Fibel, S. 76
• C 151–154

1: Silbenarbeit; Wortgruppen abschreiben und dazu passend malen; **2:** Silbenarbeit; Sätze lesen und ankreuzen, ob die Aussagen stimmen oder nicht; **3:** Grundwortschatz-Wörter im Suchsel finden; **Differenzierung:** Wörter in ein Schreibheft schreiben

139

Qu qu

Ich spreche *kw*.
Ich schreibe
Qu oder **qu**.

1

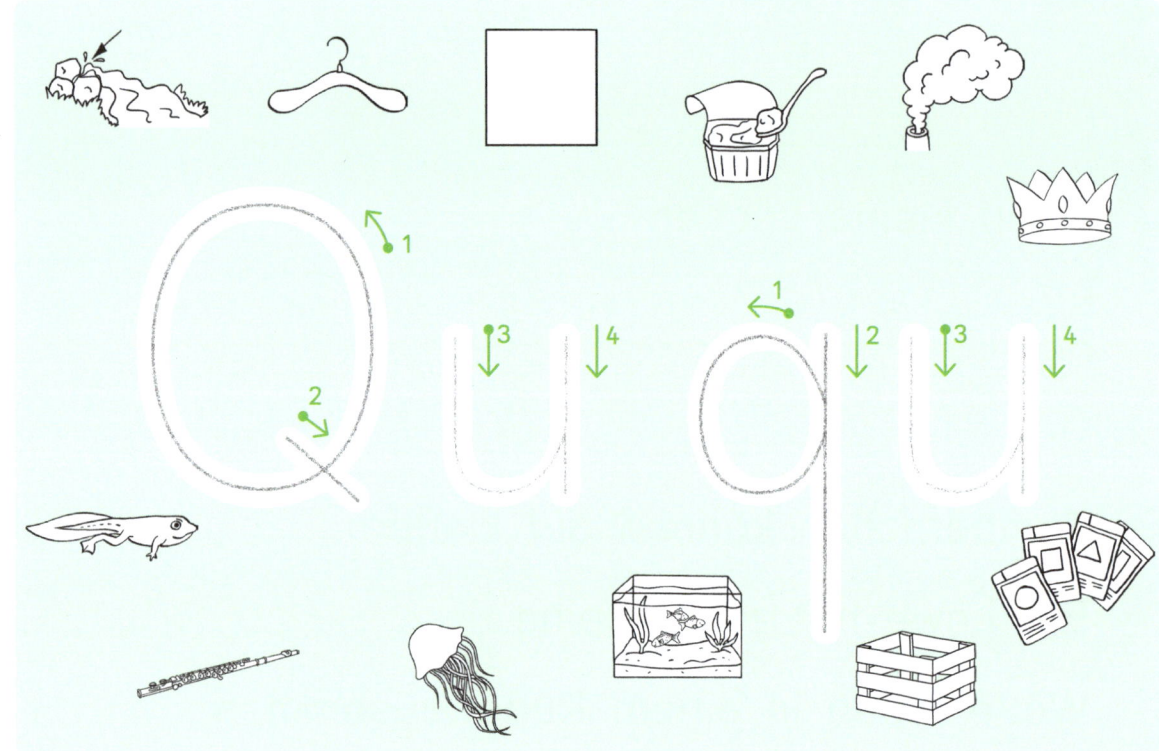

2

3

Qu | Qu

qu | qu

Qu qu | Qu qu

1: Wörter in Silben schwingen und sprechen, Wörter mit Qu qu finden und einkreisen;
Differenzierung: siehe hinten im Heft; über den QR-Code die Minibilder anhören
2/3: Qu qu nachspuren und schreiben

• Fibel, S. 77
• C 155–157

1

1 Der kleine Frosch •　　• quatschen laut.

2 Dunkler Qualm •　　• quakt im Teich.

3 Die Quallen •　　• schweben im Wasser.

4 Die Kinder •　　• wabert aus dem Ofen.

| 1 | | | |

2

Die Tiere trinken an der | Quelle | Qualle | .

Kaulquappen leben im | Wasser | Wagen | .

Schweine können laut | quaken | quieken | .

Ein Quadrat hat 4 | Seiten | Seile | .

3

  _____

Ich fliege über ein gelbes Quadrat.

  _____

 _____ 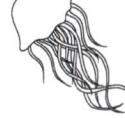 _____

1: Silbenarbeit; passende Satzteile verbinden und einem Bild zuordnen; **2**: Silbenarbeit; nicht passendes Wort durchstreichen; **Differenzierung**: Sätze in ein Schreibheft schreiben; **3**: Grundwortschatz-Wörter schwingen und schreiben

 # St st

Ich spreche *scht*.
Ich schreibe **St**
oder **st**.

1
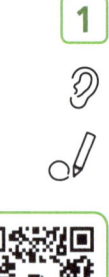

2

St st   St st

Stern

stark

3

ein Stapel Bücher   drei bunte Sterne

142

1: Wörter in Silben schwingen und sprechen, Wörter mit St st finden und einkreisen;
Diff.: siehe hinten im Heft; über den QR-Code die Minibilder anhören; **2**: St st / Wörter nachspuren und schreiben; **3**: Wortgruppe lesen (Silbenarbeit) und dazu passend malen

• Fibel, S. 78
• C 158–160

1

Am Wasser stehen fünf Sonnenschirme. ☺ ☹

Unter dem gestreiften Sonnenschirm

schlafen zwei Frauen. ☺ ☹

Zwei Kinder staunen über eine Muschel. ☺ ☹

Ein Junge stolpert über einen Eimer. ☺ ☹

Drei Jungen lassen einen Drachen steigen. ☺ ☹

Alle Kinder stürzen sich in die Wellen. ☺ ☹

Zwei Störche stolzieren durch das Wasser. ☺ ☹

Ich stehe im Stau!

2

Stu   te   Stif   Stei   fel   Ster
Stie   fen   ne   pel   ne   Stem

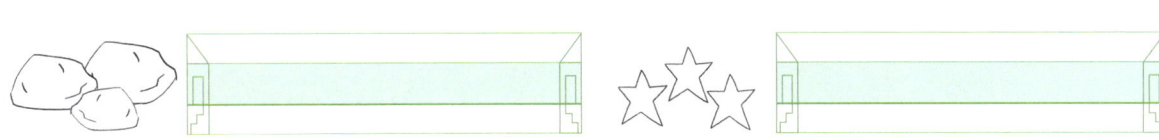

• Fibel, S. 78
• C 158–160

1: Silbenarbeit; Sätze lesen, mit dem Bild vergleichen und ankreuzen, ob die Aussagen
stimmen oder nicht
2: Grundwortschatz-Wörter sprechen und schwingen; mithilfe der Silben aufschreiben

143

 **Sp sp**

Ich spreche *schp*.
Ich schreibe **Sp**
oder **sp**.

1

2

Sp sp   Sp sp

Spinne

spielen

3 ein kaputter Spiegel

eine braune Spinne

1: Wörter in Silben schwingen und sprechen, Wörter mit Sp sp finden und einkreisen;
Diff.: siehe hinten im Heft; über den QR-Code die Minibilder anhören; **2:** Sp sp / Wörter nachspuren u. schreiben; **3:** Wortgruppe lesen (Silbenarbeit), abschreiben u. dazu passend malen

• Fibel, S. 79
• C 161–164

1

	St	Sp			St	Sp
	☐	☐			☐	☐
	☐	☐			☐	☐
	☐	☐			☐	☐
	☐	☐			☐	☐
	☐	☐			☐	☐

Ich springe Seil.

2

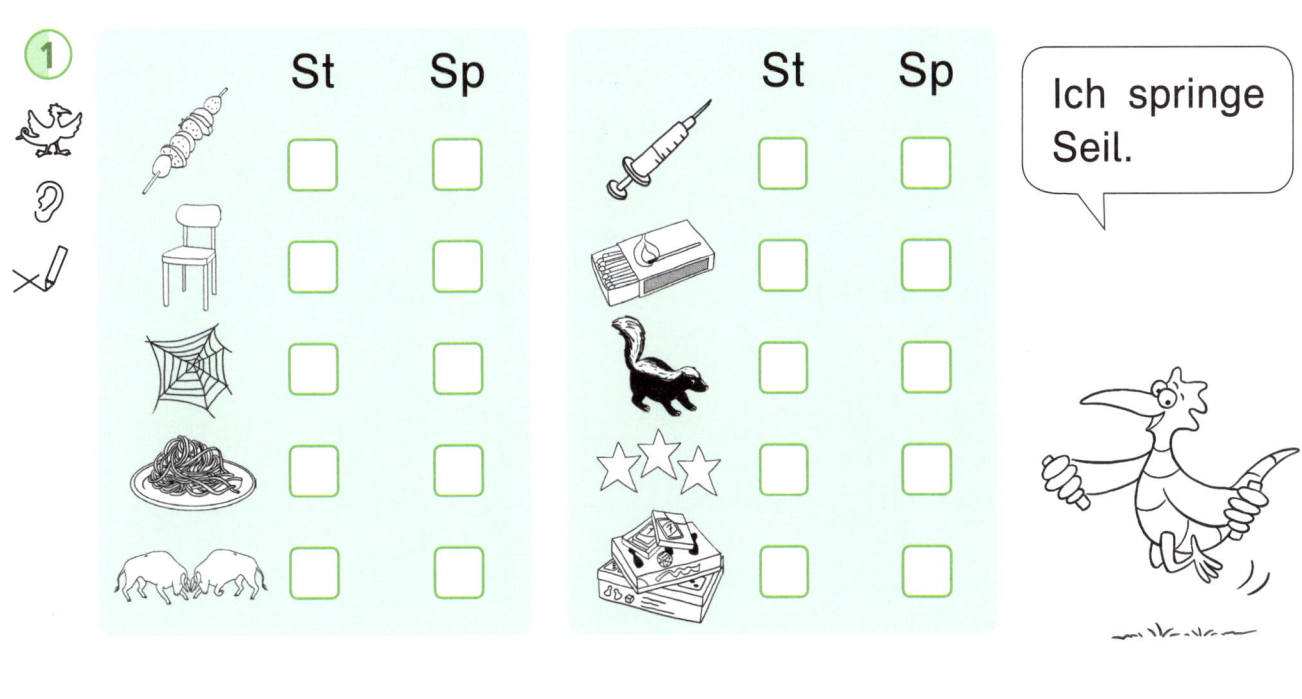

Zwei kleine Gespenster

spielen mit einem Seil.

Unter dem kaputten Spiegel

liegen drei Glassplitter.

Die Stiefel sind blau.

Die Holzpferde sind rot und grün.

Zwischen den Stiefeln

krabbelt eine kleine rote Spinne.

3

___ ___ ___ ___   ___ ___ ___ ___

___ ___ ___ ___   ___ ___ ___ ___

• Fibel, S. 79
• C 161–164

1: Wörter mit Sp und St sprechen und schwingen; ankreuzen, ob das Wort mit Sp oder St
beginnt; 2: Silbenarbeit; Bild passend zum Text durch Malen ergänzen;
3: Grundwortschatz-Wörter schwingen und schreiben

145

Nomen weiterschwingen

1

Teig	Tag	Korb	Kind	Krug

Körbe	Kinder	Teige	Krüge	Tage

2

ein Hun__   zwei

ein Klei__

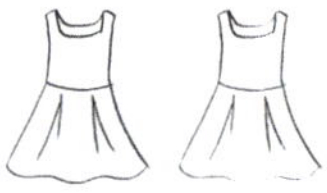

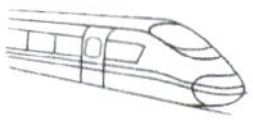

ein Zu__

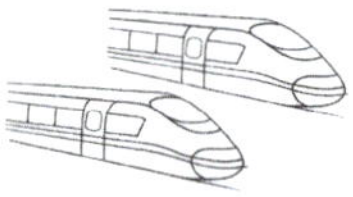

ein Ste__

3

Stoff	Schlüsse	Schuss	Schlösser

Schüsse	Schloss	Stoffe	Schluss

4

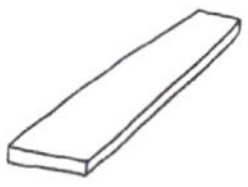

ein Bre__   zwei

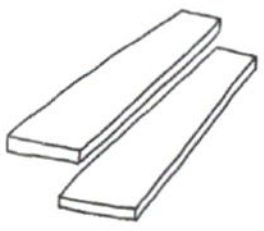

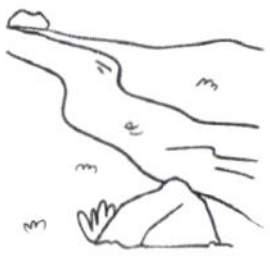

ein Flu__

ein Schi__

ein Be__

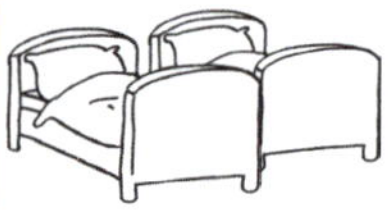

1: Silbenarbeit; Einzahl und Mehrzahl verbinden; 2: Wörter weiterschwingen; Mehrzahl aufschreiben; 3: Einzahl und Mehrzahl in derselben Farbe anmalen; 4: Wörter weiterschwingen;
Mehrzahl aufschreiben

• Fibel, S. 80/81
• ⟲ 165

1

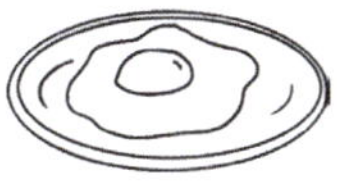

Eich •   • quap   •   • pe

Kaul •   • gel   •   • chen

Stern •   • hörn   •   • pe

Spie •   • schnup •   • ei

☺ ☺ ☹ ☹

2   ich störe   ich

du   du

wir   wir spenden

☺ ☺ ☹ ☹

3

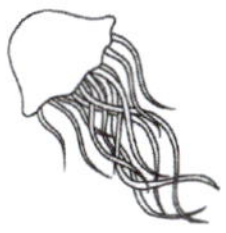

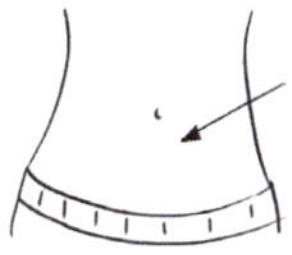

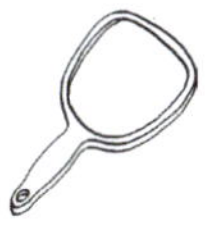

☺ ☺ ☹ ☹

• Fibel, am Ende von Kapitel 8   Inhalte aus den Bereichen Sprache untersuchen und Schreiben wiederholen; Lernerfolg selbst einschätzen; über Lernen sprechen; Lernerfahrungen reflektieren

147

1

2

Eu eu	Eu eu
Euro	
heute	

3

Eu	AuEuFoEiEuEunEAuFuEuEomEuFanEun	6
eu	eunaeieuenonaueueuenereuaueianeneu	6
Eu eu	Meute Aula heule Euter Efeu Emu euch neu	6
Eu eu	Meise Eulen leise euer neues Feuer lauter	4

1: Wörter in Silben schwingen und sprechen, Wörter mit Eu eu finden und einkreisen; Lautge-
bärde anwenden; **Diff.:** siehe hinten im Heft; über den QR-Code die Minibilder anhören; **2:** Eu
eu / Wörter nachspuren und schreiben; **3:** Eu eu einkreisen

• Fibel: S. 82/83
• ⌒ 166–171

1

2

Efeu		Europa		Leute
euch		deutsch		meutern
Freunde		Beutel		Eule
heulen		Teufel		Feuerqualle

3

Eulen

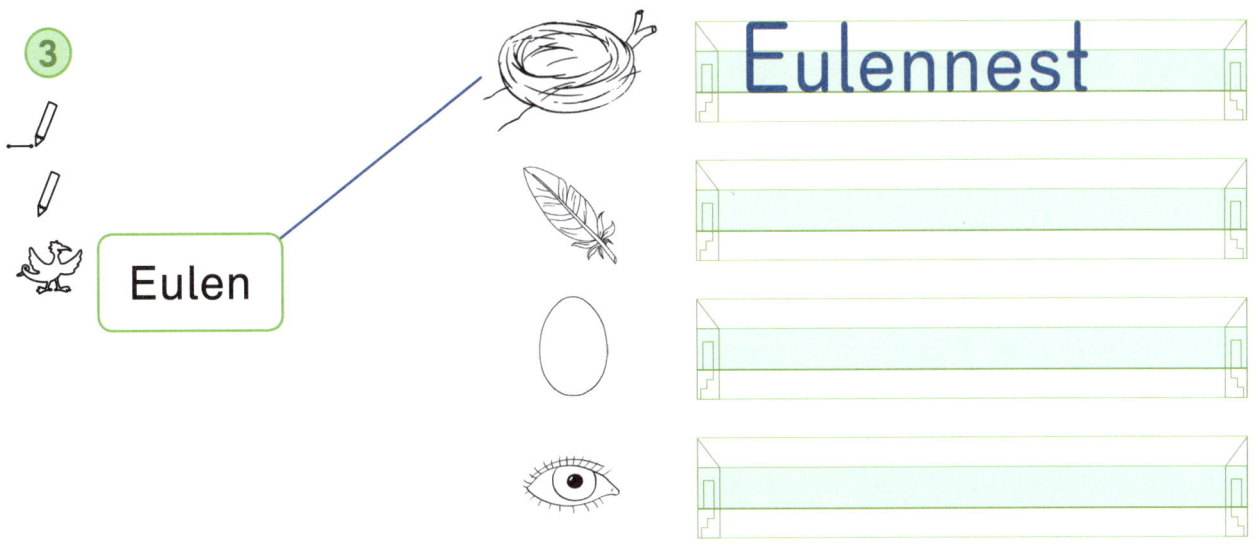

Eulennest

• Fibel: S. 82/83
• C 166–171

1: Silbentraining: Wörter in Silben schwingen; ankreuzen, in welcher Silbe der Laut ist;
2: Silbenarbeit; Bilder mit passenden Wörtern verbinden; **3**: Zusammengesetzte Nomen bilden und aufschreiben; Silbenarbeit

149

1

ich meine

ich

du

du leuchtest

wir

wir

2

9

2

5

zwei Freunde

3

☐ Heute werde ich neun.

☐ Ich werde heute sieben.

☐ Ich finde den Beutel zu teuer.

☐ Ich habe neun Euro gespart.

1: Verbformen bilden; 2: Wortgruppen bilden und aufschreiben; eigene Wortgruppe bilden und
dazu malen; 3: Silbenarbeit; zum Bild passenden Satz ankreuzen und richtigen Satz abschreiben

• Fibel: S. 82/83
• C 166–171

1

Heute freue ich mich.
Ich werde neun!
Meine Freunde
bringen Geschenke
und neue Spiele mit.
Wir freuen uns,
alles zu testen.

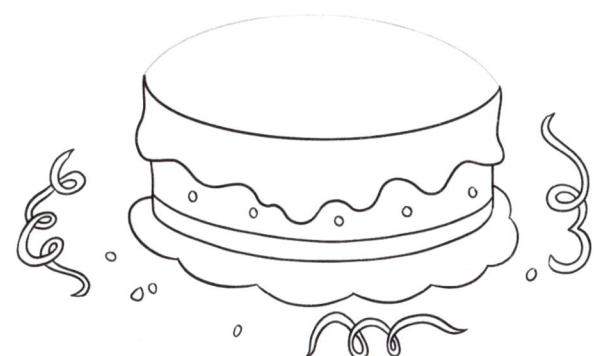

Was macht euch eine Freude?

Heute streue ich
Euro-Münzen.

2

3 heute   neu   Eule   euer

L   sch   B   F

B   tr   K   t

• Fibel: S. 82/83
• C 166–171

1: Silbenarbeit; Bild passend zum Text durch Malen ergänzen; Frage beantworten;
2: Wörter sprechen, schwingen und aufschreiben;
3: Reimwörter finden und aufschreiben (Grundwortschatz)

151

tz

Sprich diese Wörter genau aus, so hörst du *t* und *z* gut raus:
Katze Tatze

1

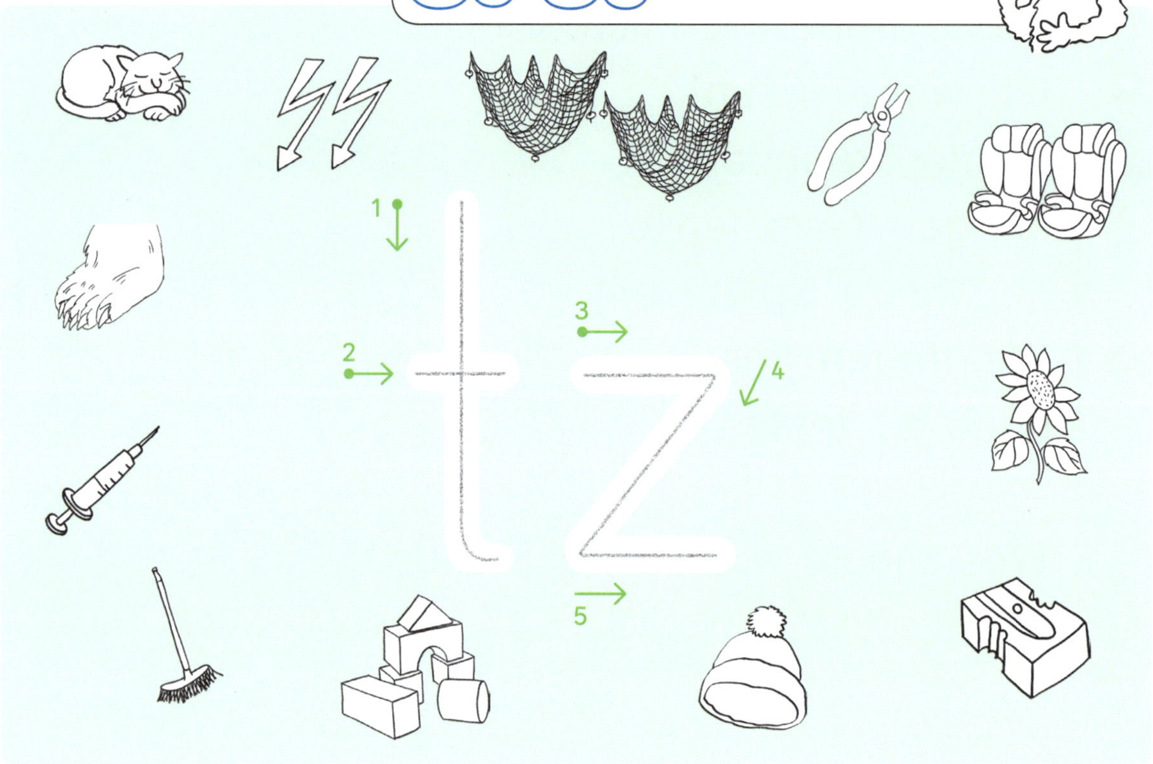

2

tz   tz

Witze

putzen

3

ein Junge mit Mütze

zwei Dosen
Katzenfutter

1: Wörter in Silben schwingen und sprechen, Wörter mit tz finden und einkreisen;
Diff.: siehe hinten im Heft; über den QR-Code die Minibilder anhören; **2:** tz / Wörter nachspuren und schreiben; **3:** Wortgruppe lesen (Silbenarbeit) und dazu passend malen

• Fibel: S. 84
• C 172–174

Zwei Wörter brauchst du nicht.

1

benutze   sitzen   setze   anspitzen   schwitze

Kari und Bu _____ im Ufo.

Ich _____ mich zu Momo auf das Sofa.

Wir sollen alle Stifte _____ .

Kari, deine bunte Mütze!

2 Kari und Bu müssen das Ufo | putzen | nutzen | .

Kari findet dabei seine | Matratze | Mütze | .

Ein Roboter wischt über die | Katze | Sitze | .

Das Ufo hat lauter grüne | Spritzer | Witze | .

3

E	P	M	Ü	T	Z	E	R
E	I	N	K	A	T	Z	E
B	S	P	I	T	Z	E	U
S	I	T	Z	E	K	P	R

1: Sätze lesen (Silbenarbeit) und passendes Verb einsetzen;
2: Silbenarbeit; nicht passendes Wort durchstreichen; passend zum letzten Satz anmalen;
3: Grundwortschatz-Wörter im Suchsel finden und aufschreiben

ck

Ich spreche *kk*.
Ich schreibe ck.

backen

1

2

ck   ck

Jacke

lecker

3

Decke   Zucker

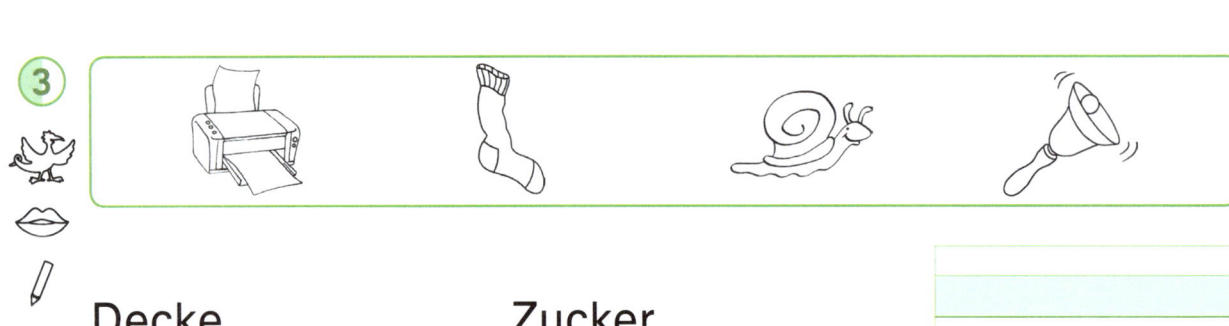

1: Wörter in Silben schwingen und sprechen, Wörter mit ck finden und einkreisen;
Diff.: siehe hinten im Heft; über den QR-Code die Minibilder anhören; **2:** ck / Wörter nachspuren und schreiben; **3:** Reimwörter finden und aufschreiben.

• Fibel: S. 85
• C 175–177

1

	schicken	den Dackel in den Garten.
Ich	schicke	neben dem Ufo.
Kari und Bu	kicken	eine Postkarte.
	kicke	auf dem Schulhof.

2 Ich packe in meinen Koffer:

meine neue Jacke,

zwei Röcke mit Muster,

die gestreiften Socken,

eine Decke mit Punkten,

den alten Wecker

und meine leckeren Kekse.

Der neue rote Koffer ist spitze!

3

1: Silbenarbeit; Sätze bilden und aufschreiben (verschiedene Möglichkeiten); Diff.: Sätze in
ein Schreibheft schreiben; 2: Silbenarbeit; einkreisen, was Bu in seinen Koffer packt;
3: Grundwortschatz-Wörter sprechen, schwingen und aufschreiben

1

Pfeil   Knopf   Pfanne   Zopf

Pfote   Pfau

Topf   Pferde

Pfütze   pfeifen   Kampf   pflanzen

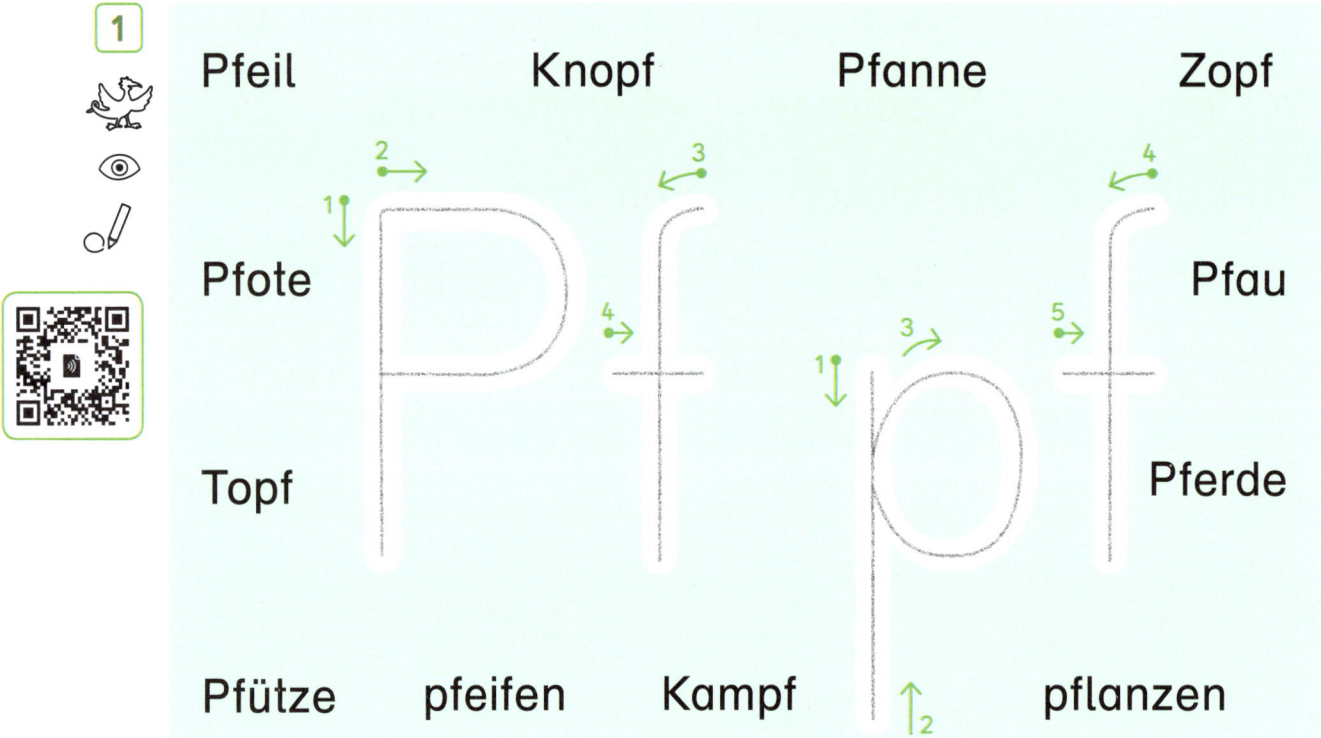

2

Pf pf   Pf pf

Pfau

pflanzen

3

ein Topf mit
gelben Pflaumen

braune Pferde mit
einem Apfel

1: Wörter mit Pf pf lesen und in Silben schwingen und sprechen; Pf pf einkreisen; über den   • Fibel: S. 86
QR-Code die Wörter anhören; 2: Pf pf / Wörter nachspuren und schreiben;   • ⌒ 178–180
3: Wortgruppe lesen (Silbenarbeit) und dazu passend malen

1 Egon und Mareike sitzen im Baum und

 | pflücken | pflegen | einen reifen Apfel.

Im Sachunterricht | pflanzen | tanzen |

die Kinder einen Pfirsichbaum.

Kluge Pferde | springen | pfeifen | über Pfützen.

Ich pflücke Pflaumen.

2

ja nein

3

Auf der Wiese ist eine Pfütze.   T   S

Alle Pferde stehen im Stall.   f   p

Auf dem Tisch ist ein Topf.   i   r

Kinder pflücken Pflaumen.   m   t

Der Hund hat eine kranke Pfote.   z   b

Ein Reiter ist auf dem Hof.   e   f

Lösungswort: _____

• Fibel: S. 86
• C 178–180

1: Silbenarbeit; nicht passendes Wort durchstreichen; **2:** Wörter sprechen, schwingen und aufschreiben; **3:** Silbenarbeit; Sätze mit Grundwortschatz-Wörtern lesen, mit dem Bild vergleichen und ankreuzen, ob die Aussagen stimmen oder nicht

157

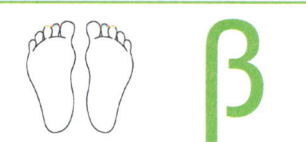

1

gießen	außen	sprießen	ließen
außerdem			stoßen
fließen			Straße
heißen	Grüße	Soße	Füße

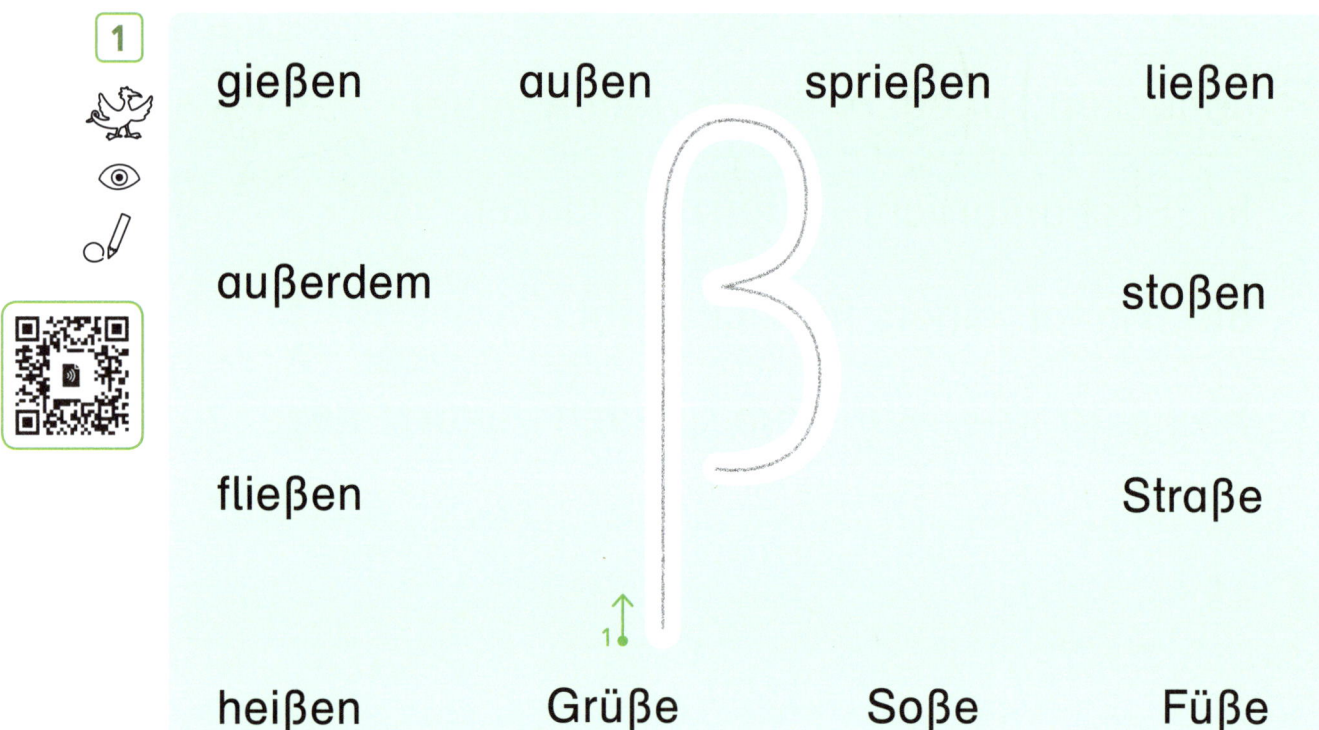

2

3

Straße

gießen

1: Wörter mit ß lesen und in Silben schwingen und sprechen; die zischende Aussprache des
ß trainieren; ß einkreisen; über den QR-Code die Wörter anhören;
2: ß nachspuren und schreiben; 3: ß / Wörter nachspuren und schreiben

• Fibel: S. 87
• C 181–182

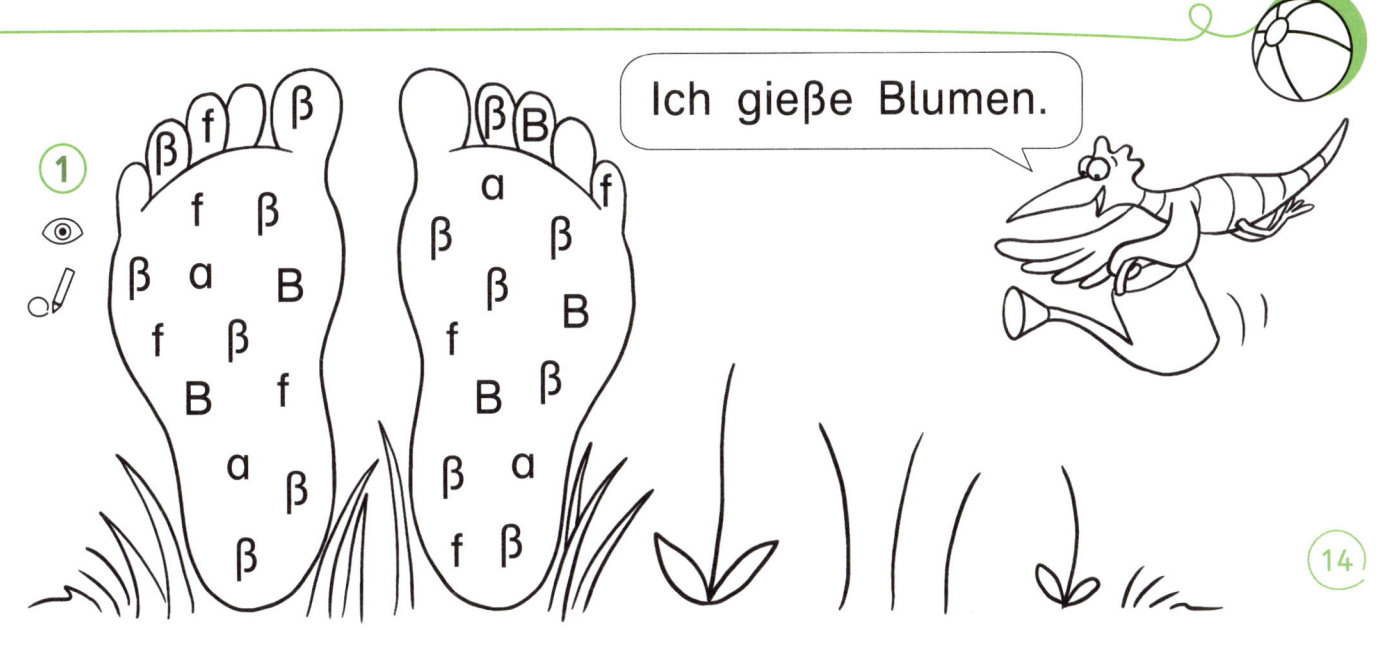

①

Ich gieße Blumen.

14

②

| sprießen | genießen | gießen | beißen |

Mama und Papa _____ die Blumen.

Im April _____ die Pflanzen im Garten.

Bello möchte in den Kuchen _____.

Wir _____ heiße Schokolade im Winter.

③

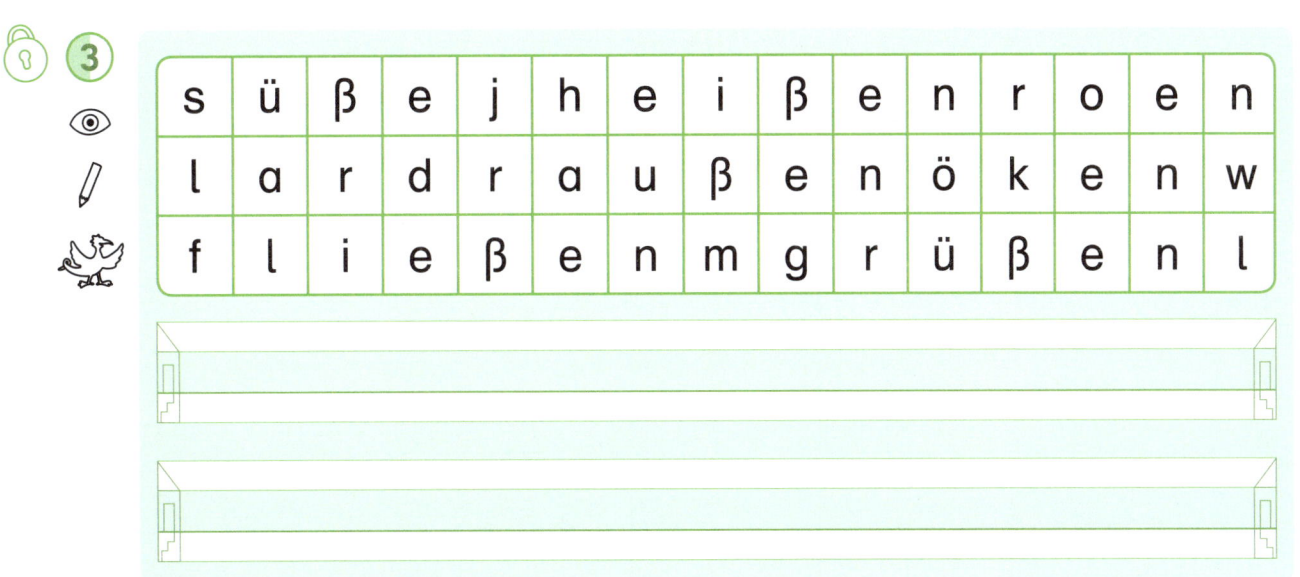

s	ü	ß	e	j	h	e	i	ß	e	n	r	o	e	n
l	a	r	d	r	a	u	ß	e	n	ö	k	e	n	w
f	l	i	e	ß	e	n	m	g	r	ü	ß	e	n	l

• Fibel: S. 87
• ⌒ 181–182

1: ß einkreisen;
2: Sätze lesen (Silbenarbeit) und passendes Verb einsetzen;
3: Grundwortschatz-Wörter im Suchsel finden und aufschreiben

159

Verbformen und Verben weiterschwingen

du — -st — -est

1 pfeifen

ich

du

wir

finden

ich

du

wir

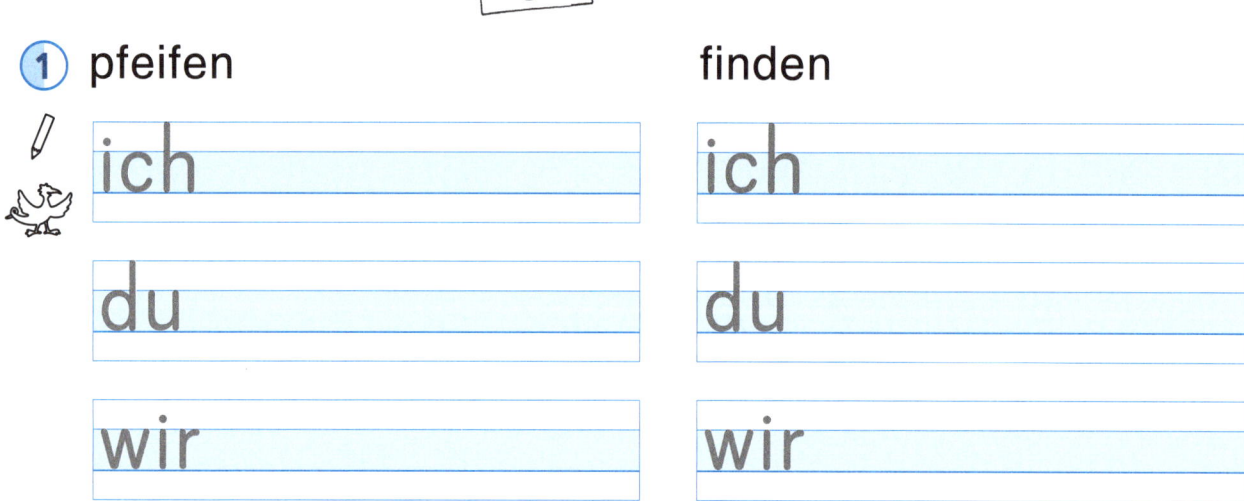

Einmal doppelt, immer doppelt!

2

es su__mm__t — m / mm

er ko_____t — m / mm

sie tei_____t — l / ll

sie re_____t — n / nn

wir kommen

wir summen

wir rennen

wir teilen

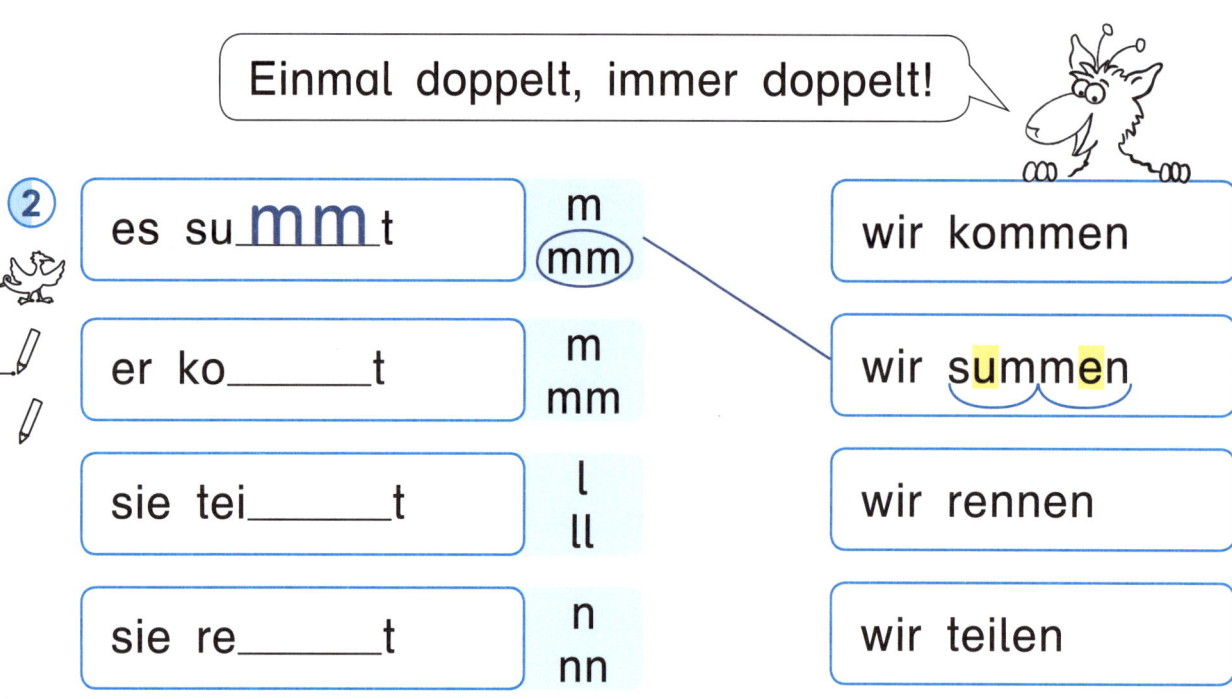

3

er grillt

du hörst

sie reimt

wir h_____ — r / rr

wir r_____ — m / mm

wir gr_____ — l / ll

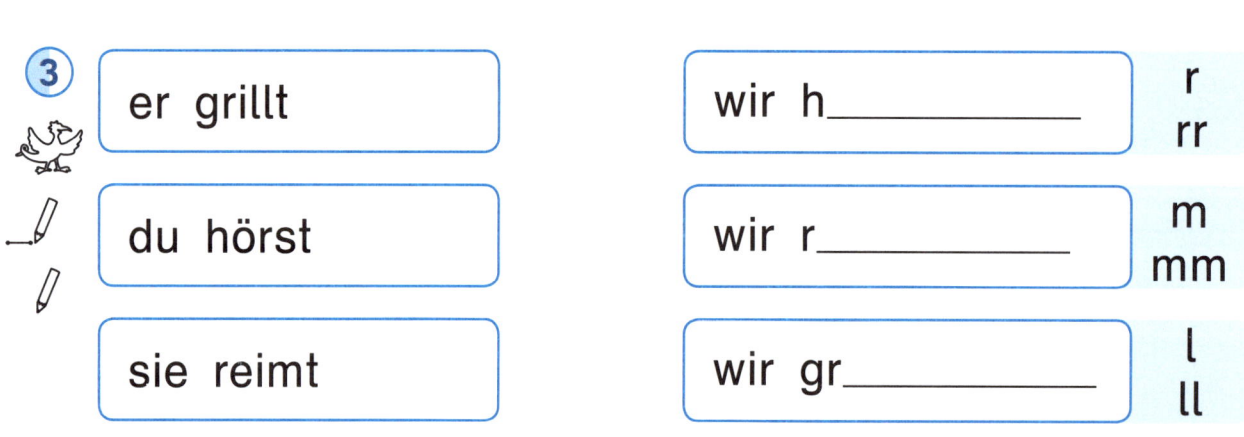

1: Verbform bilden; 2: Rechtschreibstrategie „Weiterschwingen" anwenden, dazu Verbform verlängern
u. mit der passenden Grundform verbinden; einfachen oder doppelten Konsonanten einkreisen u. ergänzen; 3: Wir-Form der Verben bilden; einfachen oder doppelten Konsonanten einkreisen und ergänzen

• Fibel: S. 88/89
• ⊂ 183–184

Das kann ich

1

2

Ich	grüßen	Kari.
	grüße	die Klasse 1a.
Wir	drücken	Opa.

3

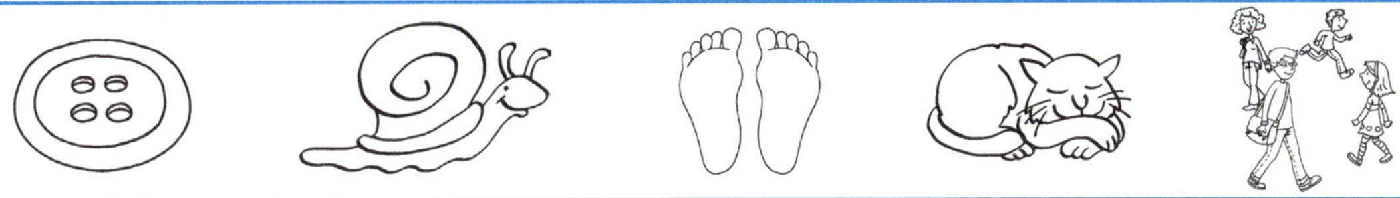

Tatze   Kopf   Hecke

Grüße   heute

• Fibel: am Ende von Kapitel 9   Inhalte aus den Bereichen Sprache untersuchen und Schreiben wiederholen;
Lernerfolg selbst einschätzen; über Lernen sprechen; Lernerfahrungen reflektieren

161

1

Gänse   Gläser   Äste   Wälder

Täler   Schwäne

Fächer   Gäste

Äpfel   Plätze   Strände   Nächte

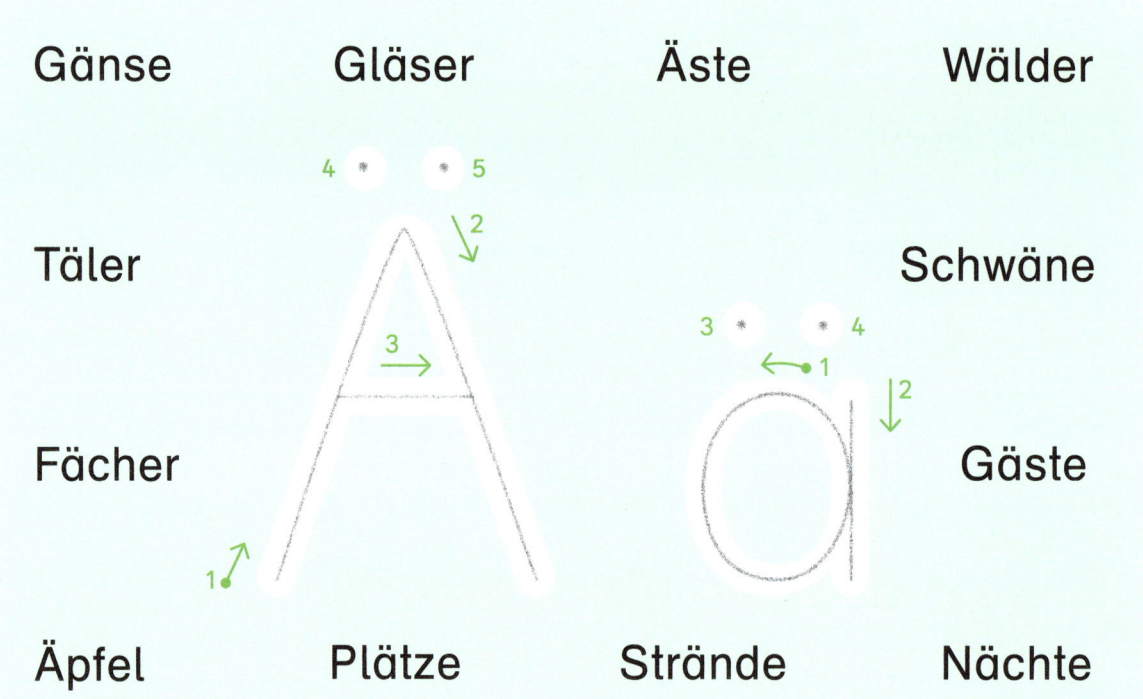

2

Ä ä   Ä ä

Äpfel

Plätze

3

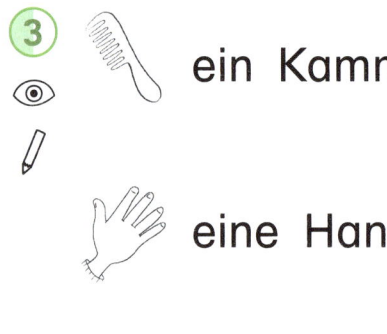

ein Kamm   zwei

eine Hand

ein Ball

1: Wörter mit Ä ä lesen und sprechen; Ä ä einkreisen; über den QR-Code die Wörter anhören; • Fibel: S. 90
2: Ä ä / Wörter nachspuren und schreiben; • C 185–187
3: Mehrzahl der Nomen bilden und aufschreiben

1

| schälen | hängen | nähen | kämpfen |

Die Äpfel _____ an einem Ast.

Löwen _____ um die Beute.

Affen _____ leckere Bananen.

Pepe und Lena _____ eine Kuscheldecke.

> Male bunte Blätter.

	ja	nein
2 Auf der Wiese sprießen Gräser.	☐	☐
Ich habe fünf Hände.	☐	☐
Aus Wörtern bildet man Sätze.	☐	☐
Hirsche leben in Wäldern.	☐	☐
Blätter bestehen aus Zuckerwatte.	☐	☐

3

Hände —— Wände   Sätze   Dächer   Bänke

Schätze   Fächer   Schränke

_____

_____

_____

• Fibel: S. 90
• ◯ 185–187

1: Sätze lesen und passendes Verb einsetzen;
2: Sätze lesen und ankreuzen, ob die Aussagen stimmen oder nicht;
3: Reimwörter verbinden (Grundwortschatz) und aufschreiben

163

 **Äu äu**

1

träumen   Bäuche   Räuber

Sträucher   Mäuse

räumen

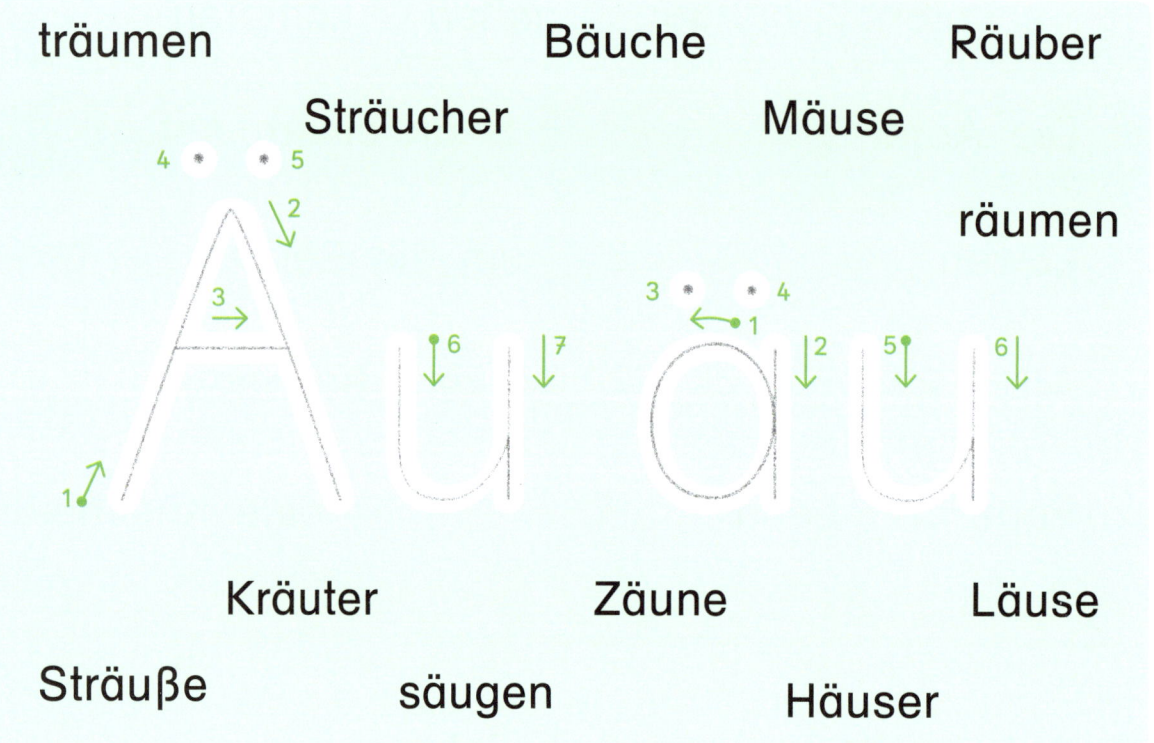

Kräuter   Zäune   Läuse

Sträuße   säugen   Häuser

2

äu   äu

Bäume

räumen

3

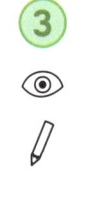

 ein Baum   zwei

 ein Zaun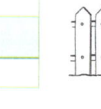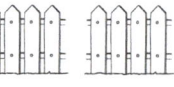

   zwei Mäuse

1: Wörter mit Äu äu lesen und sprechen; Äu äu einkreisen; über den QR-Code die Wörter
anhören; 2: Äu äu / Wörter nachspuren und schreiben;
3: Mehrzahl bzw. Einzahl der Nomen bilden und aufschreiben

• Fibel: S. 91
• ⌒ 188–190

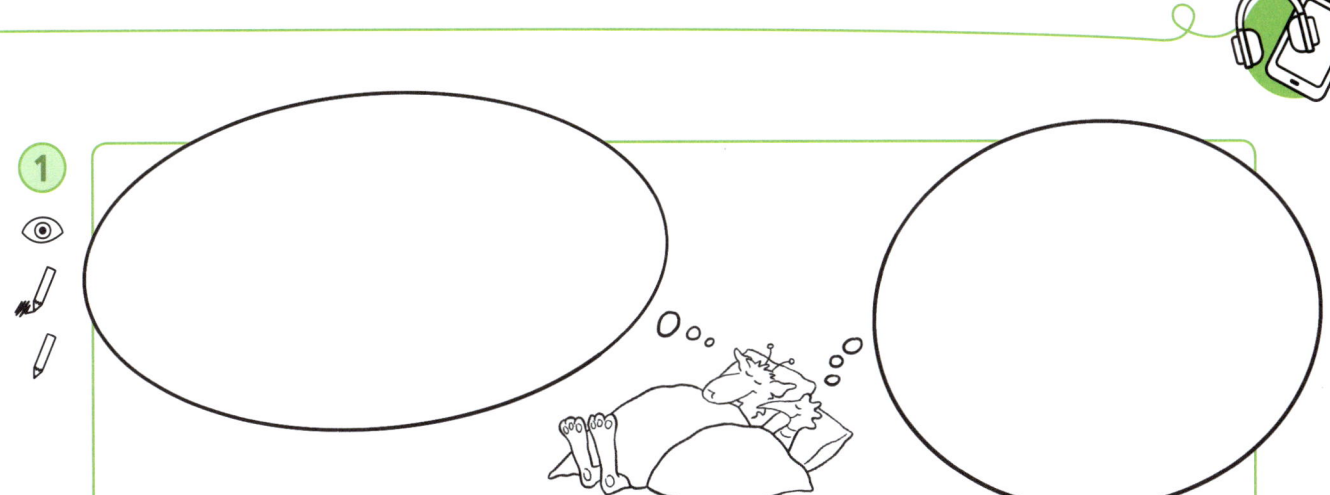

1

Kari und Bu schlafen und träumen schon.
Kari klettert im Traum auf zwei Bäume
mit blauen und rosa Blättern.
Die Bäume stehen auf einer gestreiften Wiese.
Bu schaut sich drei schiefe Häuser an.
Die Dächer haben grüne Ziegeln und rote Punkte.
Um den Garten sind bunte Zäune.

Was träumst du in der Nacht?

2

| Kräu | se | Häu | ter | me | ser | Mäu | Bäu |

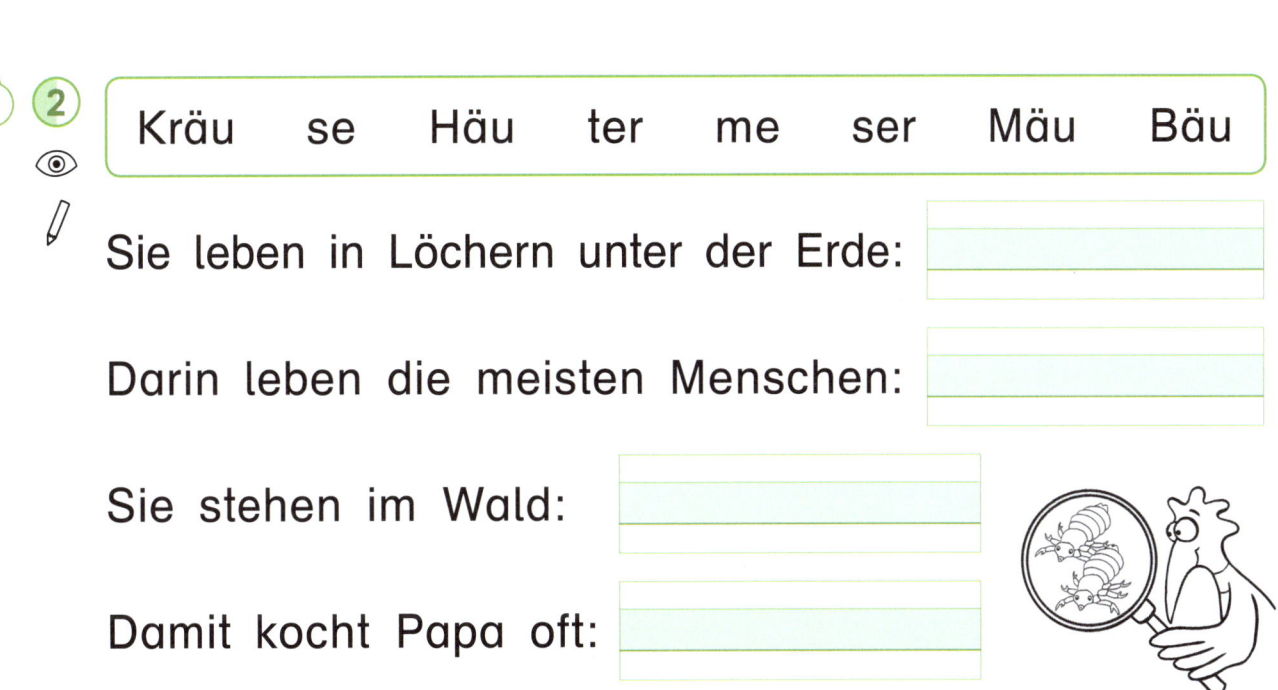

Sie leben in Löchern unter der Erde:

Darin leben die meisten Menschen:

Sie stehen im Wald:

Damit kocht Papa oft:

• Fibel: S. 91
• ⌒ 188–190

1: Text lesen; passend zum Text malen; Frage beantworten;
2: Text lesen; aus den Silben die Grundwortschatz-Wörter bilden und aufschreiben

165

1

Vogel   Vampir   von   Vase

verlieren   Kurve

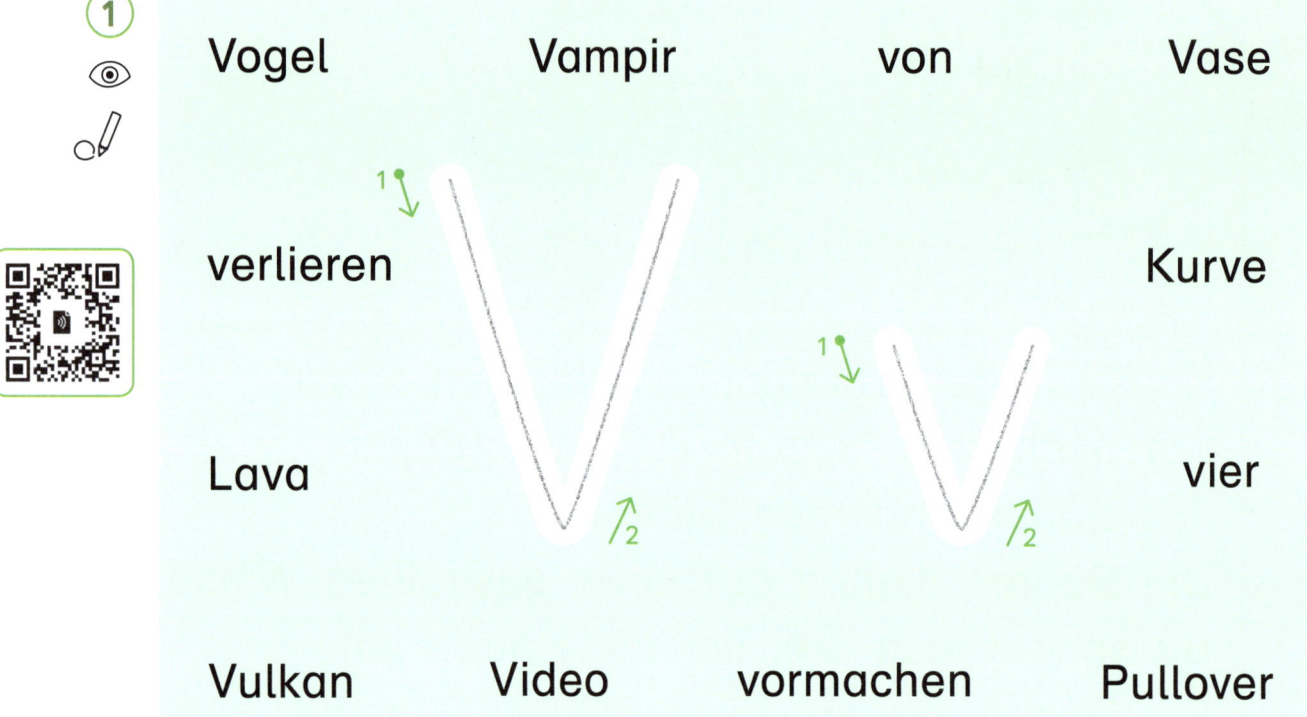

Lava   vier

Vulkan   Video   vormachen   Pullover

2

3

Vater

viele

1: Wörter mit V v lesen; V v einkreisen; über den QR-Code die Wörter anhören;
2: V v nachspuren und schreiben;
3: V v / Wörter nachspuren und schreiben

• Fibel: S. 92/93
• ⌒ 191–193

1 Vase Vulkan versuchen Vampir

Vogel viele Kurve vorsehen

V v wie 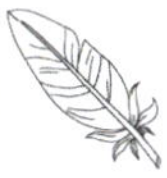 V v wie

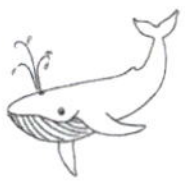

Vogel **Vase**

---

2 Vulkane spucken • • schauen gern Videos.

Vera und Kevin spielen • • auf dem Klavier.

Marvin und Vanessa • • heiße Lava.

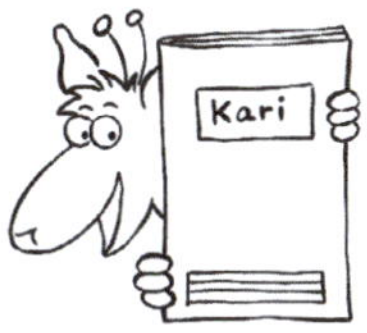

Kari

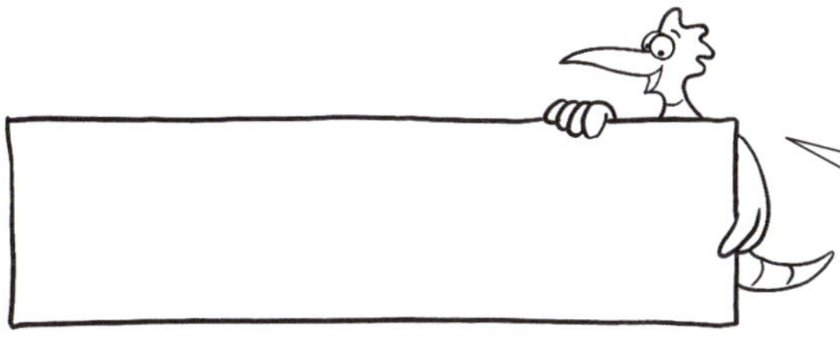

Male vier violette Vögel.

3
____ ____ ____
  2   3   4 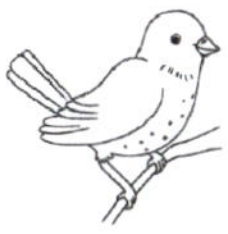

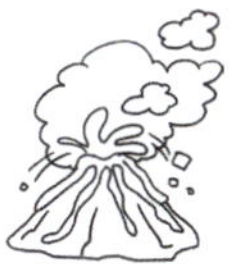

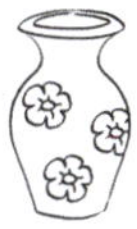

____ ____
  5   1

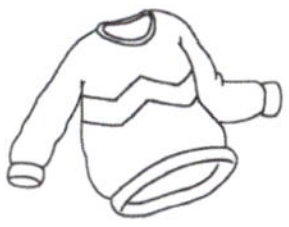

Lösung: Die Kinder tragen ____ ____ ____ ____ ____ Ranzen.
                             1 2 3 4 5

• Fibel: S. 92/93
• ◠ 191–193

1: Wörter lesen und sprechen; entscheiden, ob das V v wie F f oder W w klingt und in die Tabelle eintragen; 2: Satzteile passend verbinden; **Differenzierung**: Sätze in ein Schreibheft schreiben; 3: Grundwortschatz-Wörter aufschreiben; Lösungswort finden

167

 **C c**

1

Comic   Clip   cool   Cent

Computer   Popcorn

scannen   Marco

clever   Cabrio   Cedric   Clown

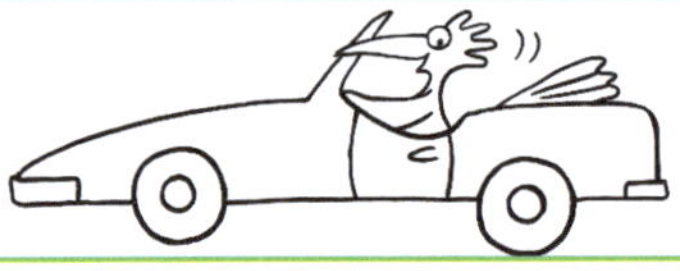

Mein Cabrio ist gelb.

2

3   C c   · · · · · · · · ·   C c

Collie

clever

1: Wörter mit C c lesen; C c einkreisen; über den QR-Code die Wörter anhören;
2: C c nachspuren und schreiben;
3: C c / Wörter nachspuren und schreiben

• Fibel: S. 94/95
• C 194–196

1

| schmökern | surfen | mampfen | schlürfen |

Carla und Sven _____ gern süße Cola.

Wir _____ leckeres Popcorn.

Viele Kinder _____ oft in Comics.

Mit dem Computer _____ wir im Internet.

2 Computer heißen auch | Regal | Rechner |.

Mit der | Tasche | Tastatur | schreiben wir am PC.

Auf dem Bildschirm kann man die Wörter

| sehen | sitzen |. Auch | Videos | Vasen | schauen wir

am Computer. Dazu ist | Popcorn | Clown | lecker.

3

C	O	M	P	U	T	E	R
E	Z	C	L	O	W	N	C
N	G	I	C	U	S	E	D
T	C	O	M	I	C	J	O

• Fibel: S. 94/95
• C 194–196

1: Sätze lesen und passendes Verb einsetzen; 2: Sätze lesen und nicht passendes Wort durchstreichen; **Differenzierung:** Sätze in ein Schreibheft schreiben; 3: Grundwortschatz-Wörter im Suchsel finden und aufschreiben

169

1

ein Schwan • • zwei Mäuse

ein Schwamm • • zwei Räder

ein Raum • • zwei Mäntel

ein Rad • • zwei Schwämme

ein Maul • • zwei Schwäne

ein Mantel • • zwei Mäuler

eine Maus • • zwei Räume

2

ein	zwei

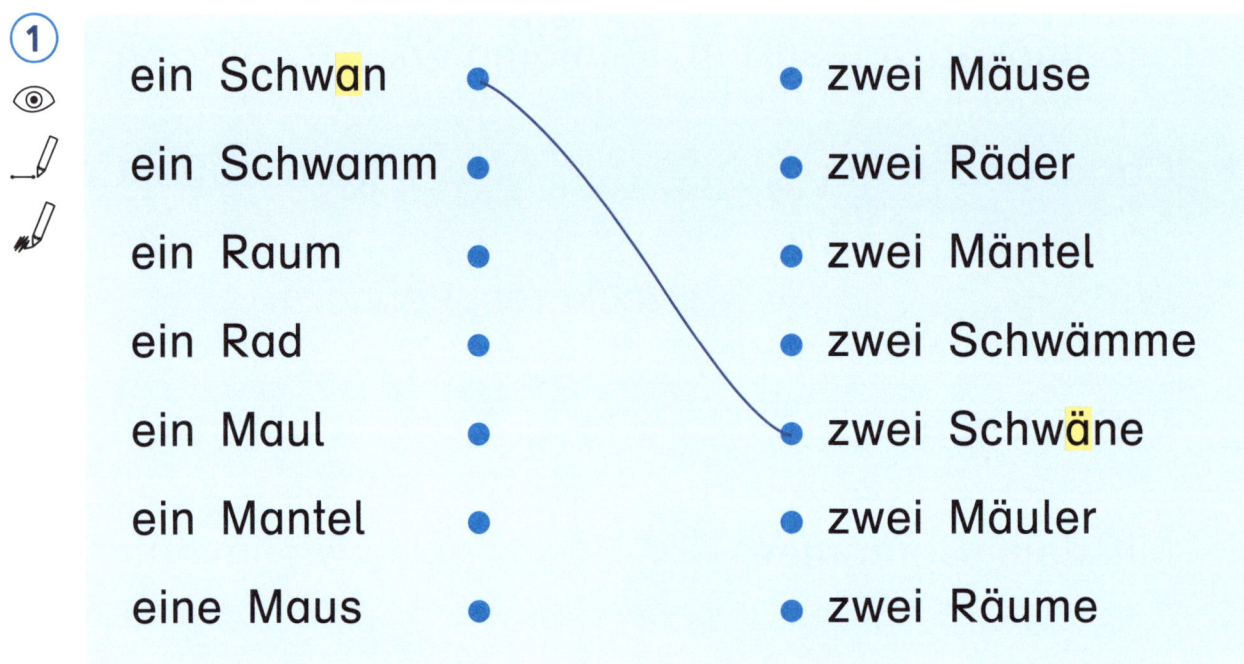

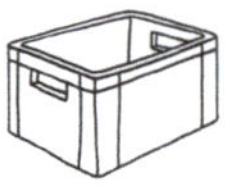

Kasten | Kästen

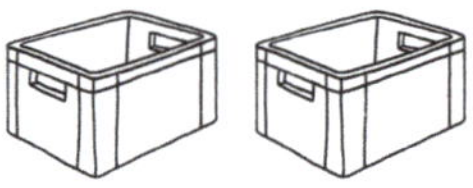

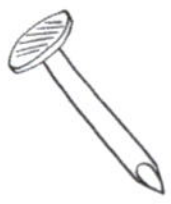

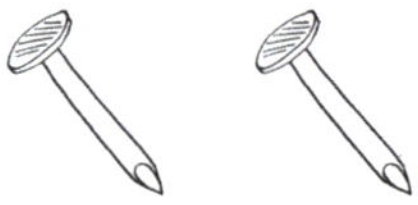

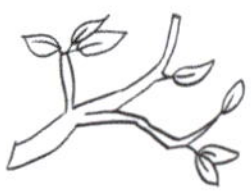

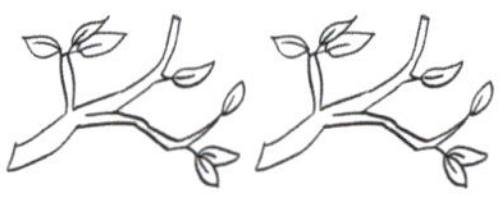

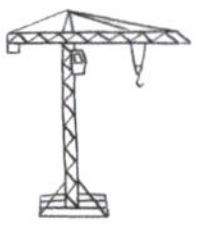

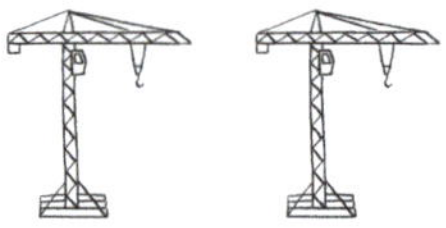

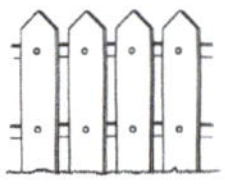

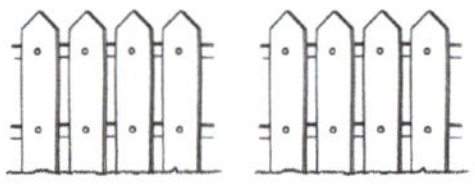

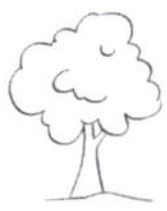

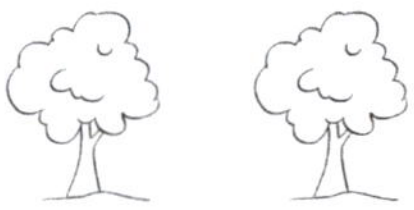

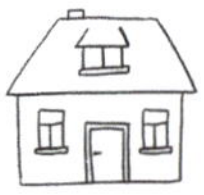

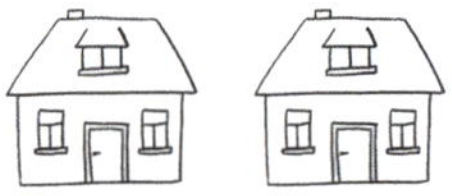

170

1: Einzahl und Mehrzahl der Nomen verbinden; Rechtschreibstrategie „Ableiten" anwenden;
2: Einzahl und Mehrzahl der Nomen bilden und aufschreiben; Rechtschreibstrategie „Ableiten" anwenden

• Fibel: S. 96/97
• ⌒ 197–198

ein Wald

ein Traum

zwei

zwei

ein Fach

ein Bauch

zwei

zwei

☺ ☺ ☺ ☹

2

Vogel
Vulkan
Verband
Video
Vater
Vase

V wie 🪶

V wie 🐋

☺ ☺ ☺ ☹

3

| surfen | räumen | schälen |

Wir _____ die Bücher in das Regal.

Carlo und Eva _____ leckere Äpfel.

Viele Menschen _____ gern im Internet.

☺ ☺ ☺ ☹

• Fibel: am Ende von Kapitel 10   Inhalte aus den Bereichen Sprache untersuchen und Schreiben wiederholen; Lernerfolg selbst einschätzen; über Lernen sprechen; Lernerfahrungen reflektieren

171

 X x

1

Boxer   Xaver   fix   Nixe

Experte   Hexe

extra   Taxi

Text   Lexikon   mixen   Saxofon

2

3

1: Wörter mit X x lesen; X x einkreisen; über den QR-Code die Wörter anhören;
2: X x nachspuren und schreiben;
3: X x / Wort nachspuren und schreiben

• Fibel: S. 98
• ↻ 199–200

1

Hexer Xaver und Hexe Trixi
wollen heute im Hexenwald hexen:
Hoxi, moxi, Hexenschleim,
fluxi, flaxi, Hexenbein,
ene mene moxer,
wir zaubern uns einen Boxer.

2

Hexen

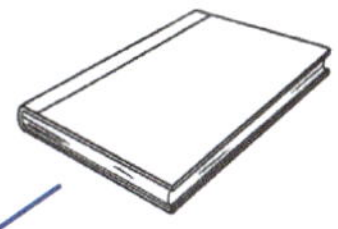

Hexenbuch

Male exakt
fünf Funken
um das Feuer.

3

Hexe   Taxi   Lexikon   Boxen

In dem Buch suchst du Wörter: _____

Sie reitet gern auf einem Besen: _____

Pferde stehen im Winter oft darin: _____

Dieses Auto rufst du mit dem Telefon: _____

• Fibel: S. 98
• ◯ 199–200

1: Text lesen; Bild passend zum Text durch Malen ergänzen;
2: Zusammengesetzte Nomen bilden und aufschreiben;
3: Text lesen und Grundwortschatz-Wörter aufschreiben

173

 **Y y**

Fibel: S. 99
C 201–203

1

Yeti   Dynamo   Xylofon   Yoga   Yvonne

Pyjama   Baby

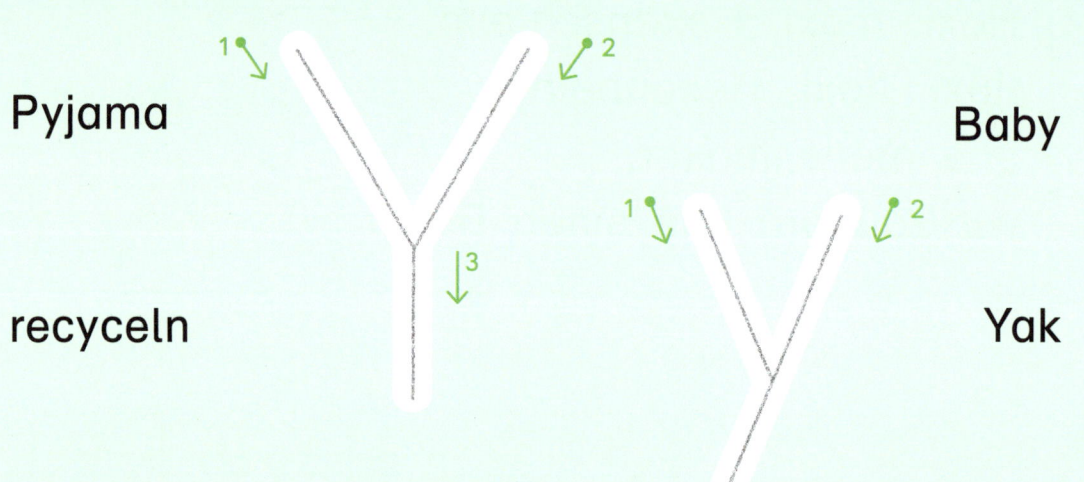

recyceln   Yak

typisch   Pyramide   Teddy

2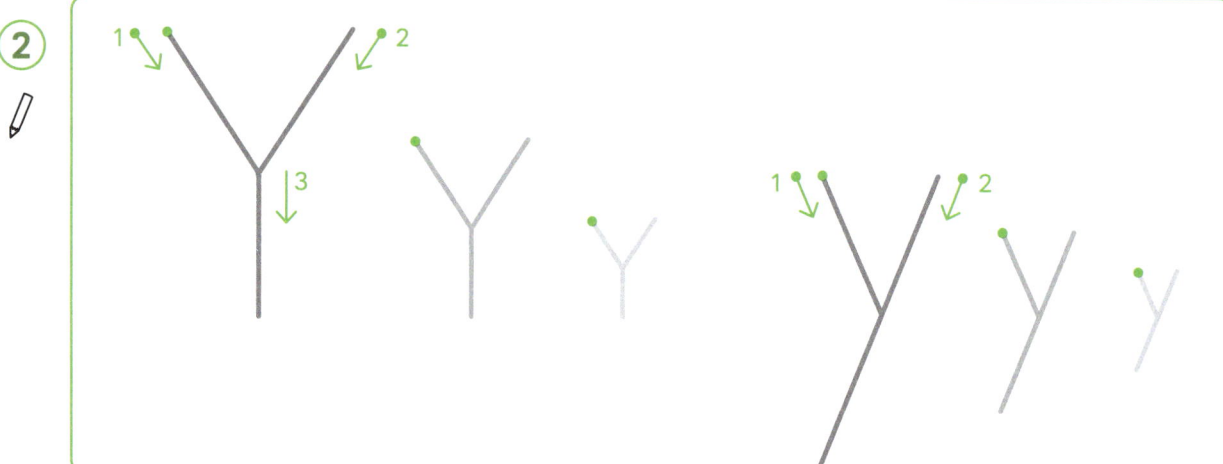

3

Pony

1: Wörter mit Y y lesen; Y y einkreisen; über den QR-Code die Wörter anhören;
2: Y y nachspuren und schreiben;
3: Y y / Wort nachspuren und schreiben

①

Teddy ~~Teddy~~ ~~Pyramide~~ Yeti Dynamo ~~Yak~~

Handy Lydia Yvonne Yoga

Y y wie 🚗 Y y wie  🦔 Y y wie 🪀

Pyramide Teddy Yak

② In Ägypten gibt es | Pyramiden | Pyjamas | .

Nelly und Yusuf machen gern | Yoga | Yeti | .

Lilly ruft oft mit Mamas | Hobby | Handy | an.

Das | Paket | Pony | lebt mit den Pferden

auf der Weide.

> Ich fliege über zwei Pyramiden.

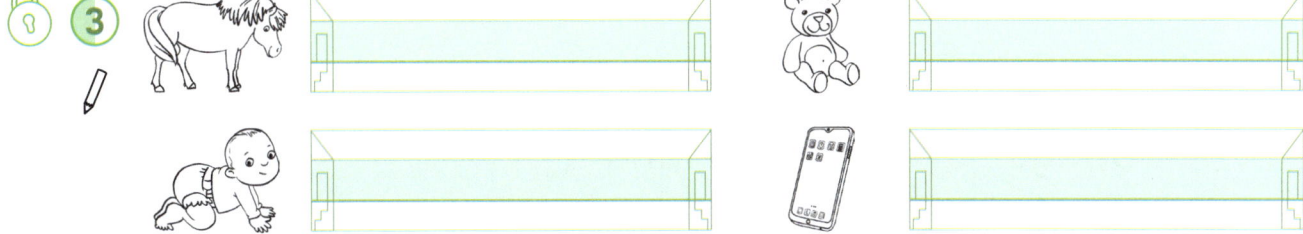

③

• Fibel: S. 99
• ◠ 201–203

1: Wörter lesen und sprechen; entscheiden, ob das Y y wie Ü ü, I i oder J j klingt und in die Tabelle eintragen, 2: Sätze lesen und nicht passendes Wort durchstreichen; **Differenzierung**: Sätze in ein Schreibheft schreiben; 3: Grundwortschatz-Wörter aufschreiben

175

Mitsprechen, nachdenken oder merken?

1

Bei diesen Wörtern muss ich nachdenken.

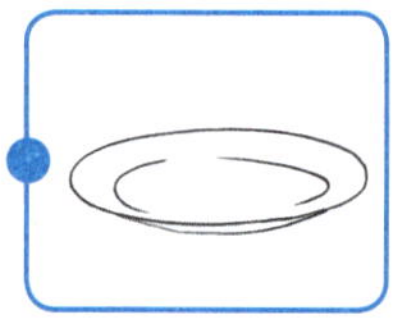

Bei diesen Wörtern kann ich mitsprechen.

Diese Wörter muss ich mir merken.

2

Baby ✶   zwei ✶   Äste ✶

Biene ✶   Burg ✶   Schmetterlinge ✶

Blüte ✶   Comic ✶   er kommt ✶

Papagei ✶   Hand ✶   viel ✶

1: Strategie-Sterne mit der passenden Aussage und dem passenden Wortbeispiel verbinden;
2: Entscheiden, welche Strategie bei den Wörtern angewandt werden kann; Sterne passend anmalen

• Fibel: S. 100/101
• C 204

1 Ich kenne Wörter mit Y/y:

Ich kenne Wörter mit X/x:

😃 🙂 😐 ☹️

2 | Pyramiden Handy Texte Yoga Dynamo Saxofon |

Damit können wir telefonieren: _____

Diese Bauwerke stehen in Ägypten:

_____

Damit kannst du Licht am Rad machen:

_____

In der Fibel gibt es davon viele: _____

Damit macht man Musik: _____

Das ist eine Sportart: _____   😃 🙂 😐 ☹️

3

😃 🙂 😐 ☹️

• Fibel: am Ende von Kapitel 11   Inhalte aus den Bereichen Sprache untersuchen und Schreiben wiederholen;
Lernerfolg selbst einschätzen; über Lernen sprechen; Lernerfahrungen reflektieren

177

1 Was machen Kari und Bu in den Ferien?

Ich möchte in lila Blubber-Wasser schwimmen.

Ich möchte grünes Weltraum-Eis mit gelben Punkten schlecken.

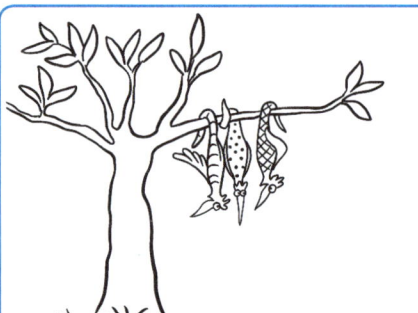

Ich werde mit meinen Freunden am gestreiften Baum spielen und im Zelt schlafen.

2 Was würdest du gern mit Kari oder Bu in den Ferien machen?

Ich möchte

1: Sätze lesen und Bilder passend dazu durch Malen ergänzen;
2: Frage beantworten

• Fibel: am Ende des Schuljahres

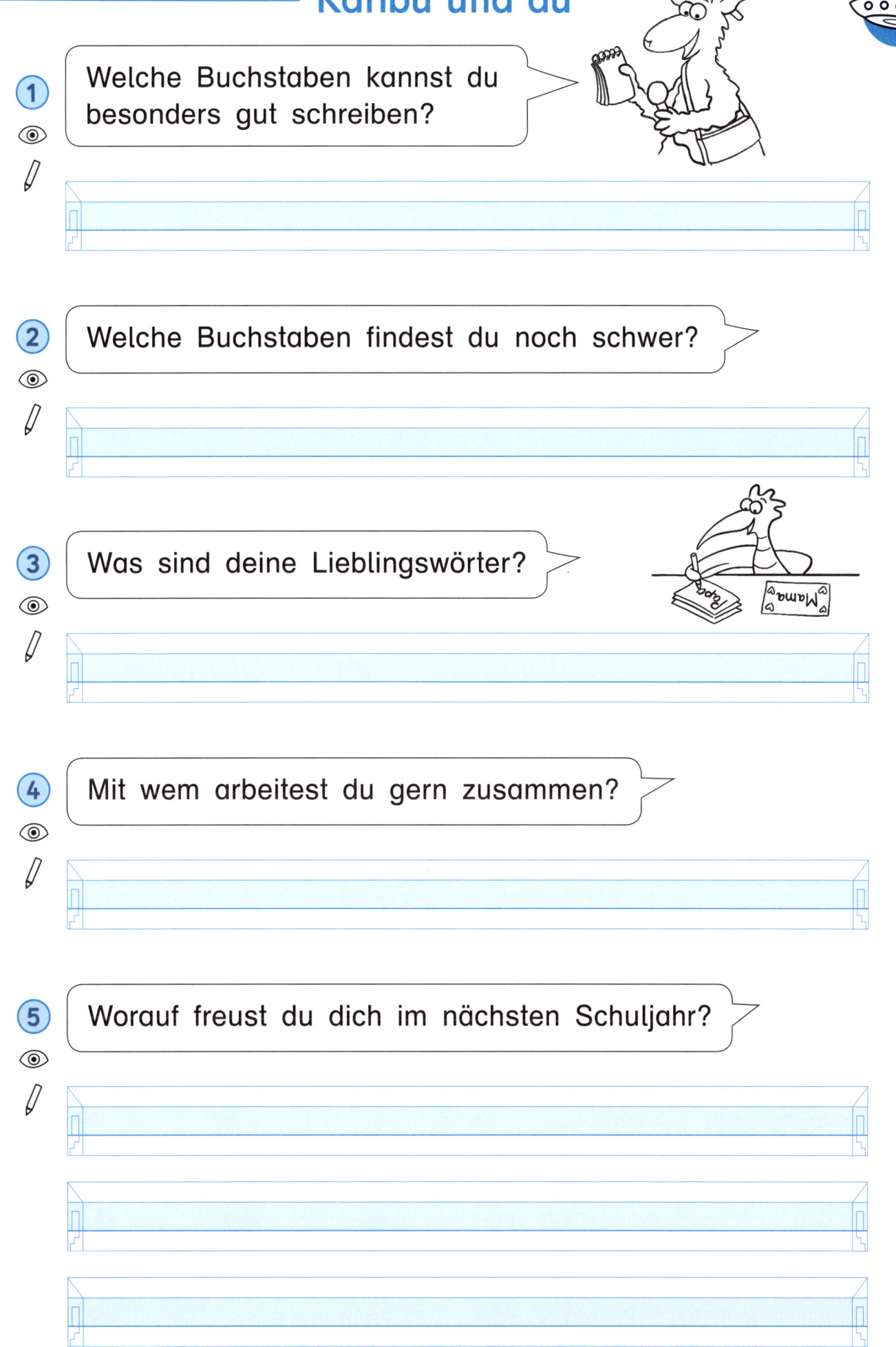

1 Welche Buchstaben kannst du besonders gut schreiben?

2 Welche Buchstaben findest du noch schwer?

3 Was sind deine Lieblingswörter?

4 Mit wem arbeitest du gern zusammen?

5 Worauf freust du dich im nächsten Schuljahr?

• Fibel: am Ende des Schuljahres   Über die Inhalte aus dem ersten Schuljahr nachdenken und dazu schreiben; Lernerfolg selbst einschätzen; über Lernen sprechen; Lernerfahrungen reflektieren

179

Inhaltsverzeichnis